A
ESSÊNCIA
DA
BONDADE

A ESSÊNCIA DA BONDADE

—

O LIVRO DE JHEREMIAS

Canalizado por L.B. Mello Neto

1ª reimpressão

MEROPE
editora

Copyright © L.B. Mello Neto, 2019
Copyright © Editora Merope, 2019

CAPA	Desenho Editorial
PROJETO GRÁFICO E DIAGRAMAÇÃO	Desenho Editorial
PREPARAÇÃO DE TEXTO	Débora Dutra Vieira
REVISÃO	Hebe Ester Lucas
COORDENAÇÃO EDITORIAL	Opus Editorial
DIREÇÃO EDITORIAL	Editora Merope

Todos os direitos reservados.
Proibida a reprodução, no todo ou em parte,
através de quaisquer meios.

DADOS INTERNACIONAIS DE CATALOGAÇÃO NA PUBLICAÇÃO (CIP)
(CÂMARA BRASILEIRA DO LIVRO, SP, BRASIL)

Jheremias (Espírito)
A essência da bondade : o livro de Jheremias /
canalizado por L. B. Mello Neto. -- Belo Horizonte :
Merope Editora, 2019.

ISBN 978-85-69729-16-7

1. Bondade 2. Comportamento humano 3. Consciência
4. Cosmogonia 5. Energia vital 6. Espiritualismo
7. Evolução humana 8. Universo 9. Valores (Ética)
10. Vibração I. Mello Neto, L. B. II. Título.

19-23991   CDD-133.8

Índices para catálogo sistemático:
1. Mensagens canalizadas : Parapsicologia 133.8
Maria Paula C. Riyuzo - Bibliotecária - CRB-8/7639

MEROPE EDITORA
Rua dos Guajajaras, 880, sala 808
30180-106 – Belo Horizonte – MG – Brasil
Fone/Fax: [55 31] 3222-8165
www.editoramerope.com.br

Sumário

Introdução 09

PARTE 1

Capítulo 1 – A vossa condição 13

Capítulo 2 – Vossa fábrica de energia interna –
onde tudo é criado e movimentado 15

Capítulo 3 – Vossas matrizes 23

Capítulo 4 – O impressionismo humano na
ilusão da experiência 25

Capítulo 5 – O fim do fingimento, da mentira
e da hipocrisia 29

Capítulo 6 – A fantasia e o sonho 33

Capítulo 7 – O imaginário e ilusório mundo
do ser humano 35

Capítulo 8 – Universo e universos 39

PARTE 2

Capítulo 9 – Bondade é cumprir um acordo 45

Capítulo 10 – A bondade da existência 49

Capítulo 11 – Conexão com a bondade 53

Capítulo 12 – O bom é exato 55

Capítulo 13 – A visão da bondade 57

Capítulo 14 – A bondade do sofrimento 65

Capítulo 15 – Bondade é aceitação 67

Capítulo 16 – A bondade da materialização 69

Capítulo 17 – Bondade é semente de compreensão 71

Capítulo 18 – Sede generosos com vossa existência 73

Capítulo 19 – A bondade do universo para com uma família espiritual em aprendizagem 75

PARTE 3

Capítulo 20 – O amor 85

Capítulo 21 – O amor em todas as relações 87

Capítulo 22 – Vós precisais uns dos outros 89

Capítulo 23 – O "ou" e o "e" 91

Capítulo 24 – Filhos 95

Capítulo 25 – Orgasmo 97

Capítulo 26 – Pontes do saber 101

PARTE 4

Capítulo 27 – O rastro do passado 107

Capítulo 28 – Encurtamento da experiência 109

Capítulo 29 – Janelas de multirrealidade 113

Capítulo 30 – A certeza interna 117

Capítulo 31 - O olho oculto 119

Capítulo 32 – Tende tudo limpo 121

Capítulo 33 – Vosso alimento 123

Capítulo 34 – Sobre vossos hábitos 127

Capítulo 35 – O conhecimento disponível. 133

Capítulo 36 – Sede puros em vossa intenção 135

Introdução

Quando recebi o chamado de que deveria baixar as informações do campo para este livro, não havia em mim nenhuma intenção de escrever uma introdução. Porém, ao longo de toda a revelação que fui baixando, entendi que eu precisava trazer luz à essência não da bondade, mas de Jheremias. Ele havia nos dado um presente.

Nos trabalhos de ajuda à preservação da saúde emocional, mental e relacional que realizamos como grupo, no Instituto Aletheia, volta e meia deparamos com a presença de um ser que se autodenominou Jheremias. Ressalto que esse não é o nome "real" dele. No campo onde ele se faz presente, seu som é sua revelação de presença, mas, para facilitar as relações com os encarnados humanos, passou a ser reconhecido como Jheremias.

Minha primeira experiência com ele se deu dentro de uma nave. Não era uma nave qualquer. Era algo tão grande que percorria certamente quilômetros de raio. Ele era o comandante da nave.

Ele se apresentou com seus 4 a 5 metros de altura, tomando nossa medida como referência. É um ser mutante, pleiadiano, e comanda algo que me foi dito como se fosse uma confederação galáctica. Em meu pensamento, isso soou como um filme de ficção do tipo *Star Wars*. Jheremias olhou dentro dos meus olhos com firmeza, força e, ao mesmo tempo, com uma bondade que me deixou envergonhado de ter pensado isso. Foi um primeiro encontro rápido em nosso tempo terrestre, e ele queria apenas confirmar quem eles haviam designado para servir de ponte ou porta para os trabalhos na Terra e com a raça humana.

Em segundos, Jheremias me transmitiu parte das jornadas na linha de tempo da galáxia, além de um pouco da história da raça humana, dos experimentos e do propósito de nossa presença neste mundo.

Com uma clareza ímpar, entendi que estava diante de uma liderança autêntica dos processos de transformação e evolução da raça. Seu compromisso é assegurar que a raça cumpra seu papel evolutivo para um novo nível frequencial.

Muito mais teria para contar sobre minhas relações com Jheremias, mas o convido, leitor, a entender o que ele quer lendo este livro.

Ele quer que você transcenda a visão que tem de si mesmo e de suas relações. A partir do momento em que começar a se transformar, você mudará de frequência, sua vida se modificará e, além do mais, você contribuirá para a mudança da raça.

A essência da bondade mexeu muito comigo. Tive momentos em que precisei parar e relê-lo várias vezes, pois as mensagens, em alguns pontos, são profundíssimas e tocam nossa memória akáshika. Este livro é transformacional e espero que você entenda que nós, e todos neste mundo, estamos na mesma jornada, e que precisamos cumprir bem o pedacinho de tempo que ocupamos nesta vida encarnada.

L.B. Mello Neto

PARTE 1

A vossa condição

A construção deste plano de existência, que interage com outros níveis existenciais, foi orquestrada para que tenhais uma jornada em série e possais vos autoexperimentar sob diversas formas.

Este plano de existência onde vós vos encontrais provisoriamente, e para o qual devereis voltar em seguida, faz parte de uma programação universal em que vós sois participantes e ao mesmo tempo controladores. Vós controlais as experiências que tereis em cada vida. Mesmo que isso soe algo desesperançado para alguns, no fundo não é.

Quando vós programais vossa jornada entrelaçada com outros, tendes propositalmente um corte de consciência, e com isso sois instigados a cometer muitos equívocos. É nessa condição de cegueira e incerteza que tendes vosso caminhar estabelecido, e é dessa forma que precisareis recorrer a uma série de atitudes, habilidades, atributos e recursos com os quais constituireis vossa experiência e aprendizado evolutivos. Alguns ficam repetindo experimentos inúmeras vezes, mas chega uma hora em que a centelha encarnada desperta e aprende-se o que é preciso.

Vós viveis a partir de um corte de consciência e precisais vibrar e trabalhar muito para merecerdes assento em um nível de comunicação mais estreito com as forças reais e sutis do universo, um universo do qual, no fundo, vós fazeis parte.

Se pensardes bem, é maravilhoso ter essa experiência quando se quer e se precisa dar saltos vibratórios em direção à fonte primária.

Tudo que eu, vós e todos estamos fazendo é trabalhar muito para voltar à fonte e integrar todos os conhecimentos que adquirimos e estados vibratórios alcançados.

Nosso fim é o início de tudo, mas ainda restam muito empenho e energia para que isso ocorra. Tudo o que vós tendes a fazer é simplesmente viver com toda a intensidade a vossa realidade tridimensional enquanto estais presentes nesse corpo.

Vossa fábrica de energia interna – onde tudo é criado e movimentado

No planeta existem inúmeras experiências ocorrendo, e elas estão vinculadas a outras experiências no mesmo planeta, dentro e fora dele, em outros planos dimensionais. Vossa presença aqui é parte de uma rede de conexões coletivas que proporciona respostas e estímulos para que vós possais cumprir vosso desígnio em várias esferas. Vós sois parte de outra parte que tem outra parte e que segue assim, sucessivamente, até um agrupamento, vamos dizer, energeticamente inteligente, que responde e interage em níveis ainda não compreensíveis na condição humana encarnada. Vós estais cumprindo um papel que, somado ao de outros, pode gerar o movimento coletivo necessário ao propósito desse agrupamento inteligente.

Cada área e ponto do vosso planeta têm uma energia. E podemos revelar que as energias interagem entre si. Ou seja, quando vós passais a pensar e a se comportar de determinada forma, criais um campo específico de energia que se molda com a energia matricial daquela terra. Vós podeis notar com mais clareza o que digo quando saís de vossa cidade e ides para outra. Percebereis outra energia constituída pela cultura de pensamentos e comportamentos das pessoas que vivem naquele local. O mesmo se dá quando saís de vosso país, ides para outros territórios e sentis uma energia diferente. A essa energia é que me refiro, relativa a comportamentos gerados por leis e regras locais que levam à junção de um campo de energia específico.

Portanto, quando o povo de determinada localidade está bem e feliz, é porque ali se reuniram condições energéticas provocadas por pensamentos e comportamentos ditados por certas leis e regras.

De igual forma, quando se encontra um povo sofrendo com violência, fome e incertezas, é porque ali foi construído um campo gerador de energias que vibram em frequências que atraem esses fatores. Esse campo certamente foi gerado por regras, leis e modelos que influenciaram comportamentos e modos de pensar da população.

O que há de certo e errado, de bom ou ruim em haver povos e áreas no planeta com alta e com baixa vibração? Nada de certo ou de errado. O que existe é o propósito do viver. Se algo aconteceu é porque era necessário. Os seres humanos ainda não entenderam que não é preciso gastar seu tempo e energia em situações que já aconteceram. Só há uma coisa a ser feita: entender e fazer o próximo movimento.

Cada pessoa, cada povo, está vivendo o que precisa viver naquele momento. Se vossa vibração mudar, não haverá mais como vos sintonizardes com aquela experiência, com aquela região ou com aquelas pessoas. De uma forma ou de outra, vós estais passando por mutações sequenciais de energia vibracional ou vos repetindo vibracionalmente. Se vós não conseguirdes sair de um campo vibratório é porque ainda vibrais nele. Já há pessoas que mudam seus padrões de pensamento e comportamento e passam a vibrar em outro nível. Isso as leva, de alguma forma, a uma mudança.

Todo o trabalho de limpeza no planeta vem da elevação de vossos pensamentos e atitudes. Pensamentos elevados mudam as vibrações. A bondade se manifesta quando temos pessoas de alta vibração que, além de sustentar a própria vibração, ainda decidem entrar em campos vibratórios mais baixos para ajudar a elevá-los. É certo que alguns indivíduos conseguem se elevar e outros, às vezes, não. E aqueles que não conseguem com frequência adoecem, saem de sua vibração e caem nos vícios energéticos. Quando vejo essas cenas, entendo que tais pessoas ainda não aprenderam a sustentar a alta vibração.

Chaves para se chegar ao alto pensamento

1. Conectai-vos com vossa matriz divina, a essência vibratória que ressoa em vós. Talvez me pergunteis como fazer isso. Eu vos digo que primeiro é preciso acreditardes profundamente que não sois vosso corpo e que possuís uma matriz energética que vos sustenta enquanto estiverdes na condição humana. Simplesmente dizei a vós mesmos: eu me abro a tudo o que eu sou de verdade. Estou em uma experiência, sou a origem disso tudo.
2. Ides elevando a mente. Eliminai todo tipo de preocupação e aborrecimento. Livrai-vos de pensamentos cotidianos e colocai vossa mente de forma ampla e vasta pelo mundo. Vede o mundo sem medo e sem nenhuma vontade. Uma mente isenta. Chegai a esse estágio.
3. Acalmai-vos a respiração de forma que vosso corpo esteja totalmente relaxado. Vós precisais estar

em uma posição que não facilite dormir, pois o sono não é o propósito deste momento. Acomodai-vos de maneira que vosso corpo não ocupe espaço em vossa mente.

4. Conectai-vos com o som do vosso universo. Talvez me pergunteis como fazer isso. Crede, somente acreditando escutareis o que for preciso escutar. É um som contínuo e ondulatório. Cada universo tem sons específicos, o vosso se assemelha a um som fino, mas não tênue demais; um som suave com ondulações melódicas, como se todas as notas musicais o atravessassem a um só tempo. É um som muito poderoso, e é mantenedor de muita coisa em vários planos. O som também é um elemento vivo. Vede dessa forma. Esse som não vem pelos ouvidos, ele emerge preenchendo a mente. Ele vem na mente.

5. Abri-vos ao conselho dos sábios. Há um campo de sabedoria sustentado por inteligências da mais alta grandeza. Essas inteligências disponibilizam vários saberes e aprendizagens a todos os povos que estão experimentando o planeta. Somente é possível captar esses conselhos quando se vibra nessa frequência. Vós deveis pensar: mas eu estou em uma condição vibratória muito baixa e não conseguirei. Considerando vosso corpo e condição, sim, mas pela vossa alma, não. Vós podeis vos conectar desde que vos eleveis à vossa matriz maior. Por isso eu vos recomendei que, primeiramente, estivésseis em total comunhão com vossa matriz. Uma vez em comunhão, vós tendes condições de acessar o conselho dos sábios.

Como sabereis se conseguistes vos elevar ao alto pensamento a fim de beber do conselho dos sábios? É muito simples: pelo princípio da certeza. Vós tereis uma certeza total de determinados pensamentos sem nenhum senso de superioridade. É o que chamo de *certeza sem superioridade*, sem arrogância, sem nada. Simplesmente uma absoluta certeza. É algo pessoal, muitas vezes não compartilhável. Quando se chega ao alto pensamento é possível ativar o movimento que se dá pelas vossas ações. Vossas atitudes definem boa parte de vossa presença, e vos trago a alta atitude como manifestação suprema. Alinhar-se à alta atitude define um novo padrão vibracional para suas interações e objetivos.

Chaves para se chegar à alta atitude

1. Pensai em vossas motivações antes de agir. O que quereis realmente, na mais absoluta honestidade. Se quereis vos mover com alta frequência vibracional em vosso comportamento, precisais ter consciência de vossas verdadeiras intenções.
2. Pensai em todas as consequências diretas e indiretas de vossos atos. Vós deveis pensar: Mas como terei condições de prever tudo? Eu vos digo que quem é treinado tem condição, sim. Não façais corpo mole. Começai pensando em tudo o que pode ocorrer convosco, com as coisas e com os outros. À medida que treinais a mente para pensar nas consequências sob todas as hipóteses, começais a ter uma mente consequente. Com o tempo, esse treino vos dará habilidades sensoriais de tomar decisões rápidas e conectadas com o vosso propósito.

3. Desenvolvei a clareza dos valores que produzem alta vibração. Definir comportamentos que são aceitáveis e inaceitáveis ajuda a trazer, com o tempo, atitudes de altíssimas grandeza e vibração.

Escrevei ou mesmo refleti sobre alguns comportamentos de altíssima vibração que vos deixarei a seguir.

Os dez comportamentos de altíssima vibração

1. Praticai olhar detidamente e com amor para cada pessoa que encontrardes. Quando olhais sem pressa, há condições de abrir o espírito e, assim, aumentar a sensibilidade das presenças. Todos os dias que quiserdes, podeis praticar trocar amor com as pessoas, e vereis quanto amor existe no mundo. Vós ficareis tão cheios de amor que parecerá que ireis explodir.
2. Silenciai diante de falas negativas das pessoas. As falas negativas têm uma origem. Elas têm donos. Elas saem de dentro, são produzidas. Quando simplesmente praticais o silêncio, vós não ecoais. O silêncio mata o negativo, pois tira a força de resposta. Tudo que o negativo quer é encontrar contraponto, é assim que ele se fortalece. Se vós não derdes esse contraponto, não só estareis anulando o negativo como ajudareis o produtor a rever suas atitudes.
3. Dai presentes em forma de gestos e palavras. Sede generosos com as pessoas, oferecei-lhes presentes todos os dias. Que mal há em ofertar diariamente algo a alguém? O vosso Sol não faz isso todos os dias, dando-vos a energia da vida? Por que, então,

não comeceis a pensar em formas simples de presentear as pessoas, seja com um gesto, uma palavra, um abraço ou um toque? Presentear pessoas é dizer que vós as vedes e que elas são importantes.
4. Senti os ambientes e as pessoas antes de falar. Tudo está carregado de energia. Espaços, salas, paredes... Tudo, absolutamente tudo está impregnado de vibrações. Se vos conectardes com os ambientes e as vibrações latentes no momento, tereis condições de decidir se quereis permanecer naquela vibração ou não. Se tiverdes condição de sentir ambientes e pessoas, vossa manifestação será da maior relevância.
5. Não façais nenhum julgamento negativo de outra pessoa em público. Vós não dispondes da condição de consciência necessária para ter lucidez de julgamento sobre outrem. Mesmo que estejais cobertos por suas razões, ao expor alguém em público vós criais uma conexão negativa com a manifestação do outro, que de imediato reverbera em vós. No fundo, essa atitude não resolve nada, apenas cria campos de aprendizagem energética para vós. Se quiserdes insistir nisso, sigais em frente, mas recebais bem o que movimentastes.
6. Sabei ver e enaltecer as virtudes de cada um. Se tiverdes o olhar bondoso, vereis que todo ser é de luz. Quem olha, vê; o que se diz é registrado e penetra tudo à sua volta. Impregnai as pessoas de coisas que lhes sejam verdadeiras e positivas.
7. Ride e diverti-vos à vontade. O universo e outros planos têm muita alegria e diversão. Por que, então, não sintonizar essa frequência?

8. Sede incansáveis com os objetivos honestos e relevantes. Vós ganhastes uma vida finita neste plano; dedicai-vos a perseguir o que quereis. Mantende-vos reto em vossa vida e o destino vos encontrará.
9. Acabai com a preguiça. Se há um exercício valorizado pela energia suprema regente é a força do espírito na carne. É ser capaz de se manter em ação naquilo que precisa de ação, independentemente de vontade e resistência. Superar resistências físicas é alinhar-se com o supremo.
10. Cuidai do corpo para ser um repositório sagrado de energia e cura. Vós tendes uma casa. Vossa morada é, na verdade, vosso corpo. Ele não sai de vós. Saber cuidar do que vos acompanhará até os últimos dias vos coloca em altíssima vibração.

Depositar vossa atenção em algo e não abrir mão disso desperta o que se considera valor. Dar valor aos fatores de alta vibração vos torna aliados dos grandes mestres e das energias essenciais de suporte ao plano. Deixo-vos os valores da alta vibração para que possais vos elevar.

Os seis valores essenciais para a alta vibração

1. Fé – significa entregar-se sem racionalizar.
2. Responsabilidade – significa assumir-se.
3. Compaixão – significa levar em conta o outro em vós.
4. Força – significa reconhecer o próprio poder.
5. Determinação – significa retidão para onde se direciona.
6. Bem comum – significa reconhecer-se em todos.

Vossas matrizes

Toda a disseminação da espécie é sanguínea. As questões, travas e características passam pelo sangue. Alguns seres descem para trabalhar as questões sanguíneas. Outros vêm para se descolar delas, e outros ainda para vivê-las. Há aqueles cuja designação é transcender as questões sanguíneas para purificar todo um grupo anterior. Todo o fluxo de vivência está nas linhagens de sangue. Todas as informações estão lá contidas, como uma matriz pronta. Um ponto de aprendizagem é entender a matriz de vivências. Outro ponto é a programação em cima da vivência acumulada e da matriz de linhagem sanguínea.

Vossa presença nesse corpo passa pela conjunção de cinco matrizes.

A conjunção das cinco matrizes define as possíveis rotas, escolhas e decisões que podeis fazer.

Vossa matriz tem interface com matrizes afins, que são todas aquelas que precisam da vossa experiência e das quais vós precisais. Uma vez tendo vivido ou experimentado o que era necessário, muda-se o relacionamento das matrizes, sendo que vós podeis vos desligar, vos ligar ainda mais ou mesmo conviverdes com elas mediante um novo olhar ou prisma.

Além dos relacionamentos de matriz atrativos, há as camadas sobrepostas de matrizes. Uma camada é um coletivo vibrante e sinérgico de propósitos. Cada camada interage com outra formando uma camada superior e assim sucessivamente, até que tenhais a matriz da espécie. A matriz da espécie, por sua vez, inter-relaciona-se com outras matrizes de outras espécies, criando assim uma matriz planetária – entendendo-se que a matriz planetária é obtida tanto pelas espécies que vivem na camada externa do planeta como pelas que vivem no interior dele. Somam-se a todo esse campo de camadas interativas e sobrepostas as projeções interconectadas dos planos vibracionais de criação e origem.

O impressionismo humano na ilusão da experiência

Em vossa jornada, a simples constatação do fim do vosso corpo, seja por qual tempo for, revela a fragilidade da condição em que vos encontrais e a importância que tem a experiência que traduz a vossa manifestação. Vossa entrada neste plano tridimensional foi arquitetada para que o corpo pudesse expressar a manifestação de tudo o que precisais, provisoriamente, ser. À medida que deixais uma parte de vosso fluxo energético e cobris com um véu vossa própria consciência, vós vos abris para um mar de possibilidades programadas para a vossa manifestação. Vossa entrada neste campo vibracional vos coloca em um estado de identificação com o corpo que habitais. Cabe trazer-vos à memória que vosso corpo não representa vossa expressão energética, mas vossa expressão transitória experiencial. Vossa mente teve aspectos desligados para que pudesse vibrar na frequência do planeta. Nessa condição, que nunca é permanente em qualquer processo evolutivo, cada ser tende a se apegar à sua existência e a tudo com o que se identifica. A mente, de forma natural, cria estados de tradução simbólica com tudo que é representado figurativamente. A mente passa a identificar cores, objetos, nomes, sons, formas. Vosso plano tem uma diversidade de elementos restritos que compõem exclusivamente a vossa realidade. A partir desses elementos, vós construís toda a vossa experiência existencial neste mundo vibracional. Cada ser tem um nível de consciência projetado para viver; portanto, é inútil classificar humanos como mais evoluídos e menos evoluídos dentro de um campo de experiências. A própria comparação já é por si só um elemento da construção imaginária que a mente faz para traduzir realidades restritas.

Cada um de vós tem uma restrição completa em mundo projetado. Então, para que a dureza nas classificações? Para que a dureza com as pessoas? Para que a dureza com vós mesmos?

Vossa realidade não é uma realidade, pois ela acaba. Somente o que é real não acaba, e este mundo não pertence a essa experiência, apenas a sustenta.

Por que, então, tornar vossa existência tão cheia de dor, de mágoa, de rancor, de indiferença e de dificuldade?

Por que vos deixar levar pela vaidade de vossas conquistas, pelo apego ao corpo, pelos talentos emprestados e por cada alegria e felicidade que tendes?

Tudo é parte de um grande sonho. Um sonho representativo do universo vivo. Vós sois sonhos. Vós viveis sonhos. Vossa realidade é um sonho vivo. Quando ides de vossos corpos, deixais de sonhar e voltais para a realidade.

Sede generosos em vossos sonhos e não os torneis pesadelos provocados pelo esquecimento de vossa realidade, que aguarda vosso retorno.

Tornar-se leve com vossa experiência é cuidar de vosso corpo, que é vossa morada; é cuidar de vossa alimentação, que vos mantém; é cuidar das pessoas que se conectam a vós por qualquer razão; é cuidar de vossas atitudes com a consciência das consequências de vossos atos.

Quando perceberdes que sois uma pequena parte de um plano maior, passareis a compreender a força que gerais quando pensais na consequência de cada palavra, gesto ou ação que tomais. Tudo que fazeis cria ressonâncias e reverbera. Vossa plena ciência já vos traz poder suficiente para entenderdes que podeis construir um fluxo de vida mais alinhado com vosso propósito. Quanto mais alinhado estais com vossa matriz terrena, mais vos energizais e vos mantendes conectado à vossa luz divina.

Estar alinhado à vossa luz divina vos traz sabedoria para utilizar nas escolhas que deveis fazer a cada instante. São essas escolhas que vos trazem a construção de todas as memórias que se acumulam em vida. Essas memórias trazem campos de ilusão naturais, fazendo que acrediteis que tudo o que vivestes é vós; fazem que acrediteis que todas as pessoas que reconheceis fisicamente são elas, mas na verdade são campos experienciais identificados. Mais um elemento ilusório. Quanto mais presos ficais à ilusão de tudo que está em volta, mais suscetíveis ficais a se impressionar com qualquer coisa que não represente algo compreendido por vossa mente. Por isso, vós sois facilmente impressionáveis como raça. Essa é a razão pela qual há leis que impedem que campos se misturem, seres apareçam e vós tenhais contato com eventos que sejam muito dissonantes de vossa compreensão. Isso representaria um choque desnecessário.

Toda interação que nós temos com vossa experiência restrita é autorizada e tem um propósito. Nada acontece por acaso. Não existe algo que possais descrever como "hoje vimos um ser de luz", "conversamos com um ser da natureza", "vimos uma nave", "seres de outra dimensão têm mantido contato conosco". Essas situações, entre outras ocorrem, sim, mas entendais que há propósito, há consentimento, há uma permissão. Isso faz parte da experiência e da condição de vossa existência. Em muitos casos, as interferências no plano se fazem necessárias e são vistas, de uma perspectiva maior, como natural parte da evolução. É hora de compreenderdes que todos nós fazemos o mesmo jogo. Estamos no mesmo caminhar, em que revezamos posições e papéis. Não vos deixeis impressionar com forças, visões e experiências que vossa mente não compreende, simplesmente entregai-vos ao fluxo do amor que rege nossas relações, permiti-vos sentir e captar, enxergai com os olhos que tudo veem.

Quando estiverdes em uma experiência fora de vossa realidade, parai de vos impressionar e vos permiti vos reconhecer nela. Vereis que muito é revelado com essa atitude elevada.

O fim do fingimento, da mentira e da hipocrisia

Vós mentis porque estais protegidos dentro de vossa mente. A estrutura que vos foi criada por "engenheiros e arquitetos cósmicos" organizou a mente para não enlouquecerdes e entrardes em choque por estar em uma condição encarnada. O fato de estardes presos em um corpo – essa é vossa realidade provisória – tira qualquer senso de liberdade ao espírito. Vós não podeis voar, transmigrar, fazer mutações físicas, entre outras facetas do espírito. Diante disso, tendes um monte de desejos e loucura ocultos, guardados em um campo da vossa consciência que é chamado – não da forma mais exata – de inconsciente. Com a consciência cortada e o inconsciente construído para abrigar elementos ocultos de vossa personalidade, somados à incapacidade de acessar a consciência e a inconsciência de outros, vós vos encontrastes em um lugar bem reservado onde podeis vos esconder. É ali que deixais a vós mesmos.

Nenhum de vós nasceste mentindo e sendo falso; vós aprendeis a fazer isso. Ao longo da vida, entrais nesse jogo por várias razões e, na verdade, estais escondendo quem sois. Vós não tendes coragem para vos revelar, até porque, se o fizerdes, não sereis bem-vistos pela coletividade.

Pois bem, esses tempos de mentira e falsidade estão no início do fim. Tudo o que tínheis que viver até agora, e do jeito que foi, era exatamente para ser assim, mas a energia do vosso plano agora é outra. Entrareis por um bom período – em vossa contagem de tempo – em um campo de muita luz. Isso faz parte do ciclo evolutivo do planeta. O que ocorre neste momento? Primeiro entendei que tudo que fizerdes de errado será revelado. Vós não tereis mais privacidade. Assim como ninguém no universo tem. Vossa realidade será escancarada. Neste momento, tudo que fizerdes de mal voltará em um tempo mais rápido para vós. Na nova frequência do planeta, não é permitida a demora na recomposição e na harmonia. A harmonia ocorrerá muito rapidamente. Por exemplo, tratastes mal e fostes rudes com um familiar, em pouco tempo sofrereis algo em dose igual vindo de alguém, seja da família ou não. Entendei que os tempos atuais vão gerar essas respostas mais rápidas. Portanto, se errardes, ireis pagar, e recomendo que aprendais e pagueis rápido.

Outro entendimento muito poderoso para vós nos próximos mil anos é que começareis a entrar no inconsciente do outro. Vós não ides mais conseguir esconder o que sentis ou pensais. Tudo será escancarado. Decerto isso ocorrerá de forma gradativa em vossa sociedade.

O que isso gerará? Em um primeiro momento, um desajuste social completo de tudo e de todos. Quando começardes a ver o que o outro pensa, e o outro passar a saber o que pensais, muitas amizades e relacionamentos acabarão instantaneamente. Há muita hipocrisia escondida na mente das pessoas, e isso não será mais possível no novo fluxo de energia planetário.

Vós caminhareis para um novo modelo de relações, em que aceitareis muitas coisas que hoje não aceitais. E fareis isso porque será o fim do pudor e da mentira. Não é fácil se relacionar com pessoas absolutamente verdadeiras, simplesmente porque elas serão consideradas loucas, mas vos adianto que a verdade é uma loucura.

A abertura deste nível de consciência mudará por completo todas as regras sociais e relações que vós seguis hoje. Teremos um mundo da mais absoluta verdade, e, para que isso ocorra, sereis de uma extrema flexibilidade nas relações humanas.

Antecipo-vos o que vem pela frente para que possais, à medida que vos derdes conta, já irdes vos exercitando a fim de parar de mentir, de fingir e de ser falsos. Este tempo está no fim, e abre-se hoje um horizonte de amor e verdade para poderdes vos apoiar.

A fantasia e o sonho

O outro lado, que é vossa casa, guarda muitos reinos e muitas moradas. Os campos se sobrepõem e vibram frequências que ressoam com quem os habita. Não vos são dadas as entradas para dimensões que não ressoam convosco. Entendei que isso não é uma punição nem deveria ser visto como uma meta a ser alcançada; é sobretudo um atributo do universo. Vossas vibrações revelam vosso estágio frequencial. Muitos seres querem ir para níveis mais sutis e vibrar em um reino de múltiplas interações e sustentações, mas não podem fazê-lo porque não conseguem achar esse reino. Existem reinos e campos de tamanha beleza e encanto que não haveria olhos e corações suficientes para saudá-los.

Uma das razões para viverdes a experiência em vosso plano, nas mais variadas condições, é a elevação de vosso campo vibratório. Vossa presença no planeta já configura o que chamamos de sonho. Vós pensais que viveis em uma realidade quando, na verdade, viveis um sonho. Mesmo dentro desse sonho, deveis sonhar.

Sonhar abre espaços para experiências e criações dentro do próprio sonho. Mas muitos de vós vos perdeis em vossos sonhos, confundindo-os com fantasias. A fantasia é um instrumento de vossa mente estruturada que imagina cenas para compor uma compensação emocional ou psíquica.

Muitos de vós fantasiais todo o tempo. Nós conseguimos entrar em vossos campos, com todo o respeito e integridade, e observar como viveis.

Viveis fantasias quando, por exemplo:
- estais envolvidos com outra pessoa;
- usufruís de um dinheiro e patrimônio que não tendes;
- representais um outro personagem;
- vedes-vos corajosos e audazes;
- colocais-vos na figura de uma estrela esportiva;
- fazeis sexo com outro;
- mudais histórias desagradáveis;
- imaginais experiências planetárias.

Enquanto estiverdes enviando vossos melhores esforços para uma fantasia que traga uma compensação emocional ou psíquica, estareis de fato gastando um recurso precioso deste momento da humanidade, que é o tempo.

Vosso tempo é pequeno, escasso e em estado de encurtamento. Se soubésseis quão precioso é vosso tempo, não o gastaríeis com fantasias, mas sonhando com coisas realizáveis.

Vossa existência é dotada de poderes para inúmeros fins. Se não os usardes, vossa energia vos consumirá de forma que ficareis sem ânimo e sem forças para seguir em frente.

O imaginário e ilusório mundo do ser humano

Ao vos encontrardes nas ruas da vida, vosso fluxo é atraído por campos que se interagem. Vossos corpos vibratórios são campos que se comunicam e trazem as experiências de que necessitais. Se vós vos relacionais com determinadas pessoas de quem não gostais ou simplesmente tendes algum tipo de rejeição, entendei que tudo é muito mais uma questão vossa do que do outro. Tudo que tem uma interface com vós é um espelho de realidade. As pessoas compõem o vosso mundo. Sabei que tudo é o vosso mundo. Boa parte dos seres humanos ainda não entendeu um dos grandes e imensos segredos da vida nesta condição terrena: tudo é o vosso mundo! Deixai-me colocar mais claro. Imaginai que desde que entrastes na carne neste mundo, vós passastes a construir o vosso mundo. Imaginai que todas as pessoas, todas as situações e tudo o que possuís é parte integral de vosso mundo. Imaginai que o mundo todo existe para vós e é responsivo, ou seja, interage convosco de acordo com vosso desejo. Imaginai então que todas as interfaces, todos os países, todas as pessoas, a natureza, todas as florestas, seres, absolutamente tudo existe para fazer uma interface convosco e com vossas capacidades e limitações, com vossos pensamentos positivos e negativos, como vossas atitudes, com vossas escolhas.

Agora considerai que, quando peço para imaginardes, admitais que o que eu estou propondo seja um fato. Pois tenho algo a vos dizer: tudo é vosso e para vós.

Uma grande ilusão dos seres humanos é imaginar que o mundo é um só, com um monte de pessoas aprendendo em conjunto. Em parte, sim; e em parte, não. Há espelhos de realidade. Cada um de vós viveis realidades únicas com interfaces únicas. Isso pode dar um nó em vossa mente, mas é esse o propósito, mesmo. Vossa mente não consegue conceber espelhos de realidade com vidas sobrepostas.

Bem, essa é a vossa realidade. Vosso mundo é só vosso. Único e exclusivo. As pessoas todas à vossa volta compõem vossas escolhas. Mas vós deveis pensar: E elas? Elas têm espelhos de realidade que se encontram vibratoriamente com o vosso. Mas a vida delas é exclusiva delas, com um mundo somente para elas.

Por isso, se vós sois, como raça humana, 7 bilhões de seres convivendo no mundo, sois na verdade 7 bilhões de mundos espelhados.

O que significa isso tudo? Tudo que viveis traz autoexperiência, gera energia e alimenta todo o processo de expansão que o universo experimenta. Vós estais fazendo uma história que já foi contada. Em determinadas esferas vibracionais, o futuro de vossas experiências é o passado, e, em outros níveis, o passado é o futuro.

Vosso momento histórico determina, de forma geral, uma duração de matéria em várias faixas. Há matérias que duram mais e outras que duram menos. Entre as espécies que foram projetadas neste plano, vossa espécie dura um curto espaço de tempo, muito curto mesmo. Há espécies com tempo mais curto ainda, e tudo isso tem um propósito. Nessas jornadas que fazeis, boa parte do que viveis se repete. Vossa história é bem repetida. Não há nada de errado nisso. Em vossa existência nessa raça, como experimentadores que sois por natureza espiritual, sempre quereis novas experiências em diversas formas.

Diante do que vos revelo, tomai um tempo para refletir sobre tudo isso e vereis que em vosso íntimo há algo que ressoa para um sentido maior, que justifica tudo o que ocorre em vossa vida e no mundo.

Universo e universos

Vós conseguis, por meio de vossos instrumentos, constatar a existência de outros planetas físicos, mas o que quero vos abrir sensorialmente é o fato de que existem muitos outros planos sobrepostos ao vosso, vibrando em profunda beleza. Os universos paralelos são majestosos, lindos e profundos em sua manifestação. A vida de verdade existe na maioria desses universos paralelos. Vossa vida terrena é um sonho para nós, uma memória rápida de um experimento evolutivo.

O tempo curto que passais na Terra é inteiramente conectado e assistido, em primeiro lugar, por vosso espírito maior, e depois por vários seres e energias inteligentes que sustentam cada ser vivo encarnado. Dessa forma, posso vos dizer que não há um ser vivo que não tenha absoluta assistência. Mas talvez me pergunteis: E os que estão sofrendo, vivendo dores e dificuldades? Que assistência eles recebem?

Posso vos adiantar que todos são assistidos, e é importante que vós vos lembreis de que não há jornada na Terra sem que os códigos sejam ativados e interligados no todo. Não há como alguém encarnar sem uma programação prévia. Não há improviso em vossa passagem por aqui. Tudo já foi determinado. Portanto, o sofrimento também já foi previsto. Mas onde reside o aprendizado e a evolução? No corte da memória.

A generosidade é tirar-vos a memória para que possais seguir vossas intuições mais profundas. É no profundo que resgatais vossa sabedoria e evoluís. Toda essa experiência é provocada pela lei do amor. O amor que proporciona a manifestação do perfeito alinhamento com vosso ser maior. Ou seja, a outra parte de vós, ou a maior parte, que não encarnou.

Vós tendes várias partes de vós mesmos que interligam vosso corpo físico com vosso espírito maior. Uma dessas partes está localizada entre 1 e 8 metros ao alto e atrás de vossa cabeça. É um campo vivo de energia que vibra entre dimensões. Essa parte é como um circuito energético que vos eleva e conecta com o portal das estrelas. No portal das estrelas, vós podeis, quando autorizados, atravessá-lo e vos dirigir para o centro da galáxia. Nesse caminho vós encontrais outra parte energética vossa que traz uma conexão de sustentação em um *grid* universal. É o vosso lugar no universo. Esses dois aspectos, quando são integrados, seja por vossa vontade, seja por força de uma elevação no vosso padrão vibracional, levam vossas grandeza, inteligência e magnitude a níveis jamais vistos.

Todos os seres são suscetíveis a viver experiências de acoplamento das duas partes, nesta ou em alguma outra vida. Esse acoplamento coloca qualquer ser humano em uma condição de soberania em relação às ilusões da existência. Seres assim entendem a humanidade em um nível de grande profundidade, e sabem como se colocar diante do mundo.

Muitos de vós quereis vos elevar para vos juntar de novo ao mundo espiritual. É natural que ajais assim, mas é inútil. Uma grande perda de tempo. Vosso desígnio de vida deveria ser captar vossa existência e procurar, se houver uma verdadeira conexão divina, trazer o céu para a terra. Se quereis realmente mudar tudo e viver uma vida relevante, procurai trazer o céu para a terra, mas, para tanto, vós precisais ver se isso está em vosso código de vida, ter acesso ao mundo espiritual ou, em outras palavras, ao outro lado.

PARTE 2

Bondade é cumprir um acordo

Onde está o início da bondade? Em tudo aquilo que anima. O ânimo é o filamento sustentador da manifestação da bondade. Sem vontade nada existe neste plano. A existência de tudo o que vós vedes e experimentais é uma projeção inicial da vontade maior de que tudo isso se realizasse. Tudo o que ocorre em vosso mundo e que classificais como bom ou ruim, é fruto de uma vontade, de uma força inteligente que anima vosso universo. Mas vós podeis me perguntar: Animar o quê? Eu vos digo: "O acordo entre experiências e evolução".

Vós vindes vos materializar no plano para cumprir vossas designações e proporcionar libertações coletivas. A experiência desse tipo de matéria é forte devido a vós estardes vibrando em uma baixa frequência, que vos força inevitavelmente a erros e confusões. Esses erros e confusões são úteis na medida em que revelam o verdadeiro aprendizado de vossa alma, ou de vosso espírito, como gostam de chamar. Não há como enganar-vos mesmo falando em termos de alma. Vossa essência tem um ímpeto natural que é sempre revelado em baixas frequências vibracionais. Sustentar um espírito em baixas frequências não é das tarefas mais agradáveis, mas vós recebeis alguns condicionamentos naturais que proporcionam um ajuste psíquico do espírito ao corpo. Algumas pessoas não conseguem unir esse processo materializado e passam boa parte da vida sem entender o que estão fazendo aqui, ou vivendo de forma anômala, recebendo rejeição social por comportamentos dissonantes aos da maioria.

É certo que a não adaptação social torna a experiência de vida mais desagradável, mas não existe nenhuma vivência não prevista nas opções de programação. Pois bem, toda essa programação, que de certa forma é banida da consciência exatamente para o espírito provar de sua verdadeira essência, precisa ser cumprida. Para que haja o cumprimento do acordo coletivo estabelecido, cada peça precisa fazer sua parte enquanto existir. O cumprimento desse acordo coletivo é o ânimo em ação. É a vontade de fazer o que se deve fazer. A bondade se manifesta no ânimo que impulsiona a interação dos seres dentro de suas programações. É bom que haja as interações, é bom que todos se manifestem e se movimentem. A simples geração de movimento é um ato de bondade.

Sendo assim, o que é a maldade? Maldade é a outra face da bondade que não traz um salto evolutivo nem elimina a sequência de experiências programadas. Tal como a bondade é movimento, a maldade movimenta. Mas o movimento da maldade tem fluxo distinto, que pode ser identificado ou confundido.

Nem sempre o mal é mal e o bem é bem. É importante que entendais sobre isso. Vós tendeis a ver apenas um dos lados da polaridade, sendo que ambos têm suas funções e natureza. Um ser humano pode se negar a ajudar o outro e, no campo do acordo entre eles, era a coisa certa a ser feita. Então, por trás das aparências, uma maldade de fato é bondade. Um indivíduo está proporcionando a experiência de que o outro tanto precisa. Por isso, vede se não estejais desperdiçando vosso tempo vos remoendo de raiva, de mágoa ou aborrecimento com pessoas que talvez possam estar sendo bondosas em vos dar a condição de viver o acordo.

Como saber se o mal é mal? Na verdade, tudo tem ressonância no vosso corpo. Quando vós aumentais vossa sensibilidade, mais fácil se torna traduzir as respostas de vosso corpo. Conseguis traduzir vosso corpo quando os sinais físicos são muito evidentes; no entanto, saliento que vosso corpo emite bem mais sinais do que pensais ou possais imaginar. Há um nível de certeza interna que confirma cada passo e ação que tomais na vida.

A bondade da existência

Há uma generosidade em vossa ronda. Primeiramente, é importante saber por que estais aqui. Vossa presença, neste momento em um corpo de natureza humana, é derivada de um descolamento de um ser maior, que é de onde vindes. Esse ser maior também é um despregamento de um ser ainda maior, que também é de onde vindes. E assim sucessivamente. Vós fazeis parte de um coletivo flutuante que se autoexperimenta. Esse coletivo flutuante congrega inteligências que habitam planos e mundos. A história desses coletivos envolve muitas histórias, e ainda existem resíduos delas em vosso mundo. No campo onde os coletivos se encontram, há níveis vibratórios mais sutis nos quais o tempo não existe da forma como vós o concebeis. O que ocorre no lugar onde eu me encontro, por exemplo, é em um tempo inteiramente diferente do vosso. Posso afirmar que um ano meu seria como três mil anos vossos, aproximadamente. Em outras esferas de vibração, existem coletivos em que um ano deles é um milhão de anos vossos. Existem também aqueles em que um ano deles corresponde a um bilhão de anos vossos. Sei que pode parecer difícil compreender o que é isso, mas entendei que é isso que ocorre. Ainda há coletivos que são oniscientes, onde passado e futuro não existem em nenhuma faixa vibracional.

Do lugar onde me encontro, enxergo vosso passado e vosso futuro, assim como todo o emaranhado em que estais.

Sendo assim, se estais presos neste corpo durante um "tempo", sabei que existe razão para isso, e antecipo que as razões são necessárias.

Muitos de vós estão trazendo para a realidade tridimensional um nível de maior entendimento da realidade onde vivem. No plano espiritual, precisais resolver as questões que criastes a fim de fechar os aprendizados desse jogo.

Vosso mundo foi construído para experimentar vários jogos, e muitas coletividades vieram para fazê-lo. Esses jogos duram milhões de anos vossos. Eles têm o caráter de ir e vir. Momentos de alta e de baixa frequências.

Nessas idas e vindas, vós praticamente repetis tudo em formatos diferentes a fim de consolidar aprendizados.

Quando algum de vós se eleva e se reconecta com o ser maior, imediatamente o ser maior descola outro elemento de experiência, uma experiência que pode ser mais crua que a anterior, e começa tudo de novo. Vede que muitos de vós quereis ascender, não é mesmo? Pois bem, se e quando isso ocorrer, se for vosso desígnio nesse momento, sabei que ireis integrar todo conhecimento e toda experiência com seu ser maior, e depois ele enviará outra energia, que de certa forma é vós ou parte de vós, em um ser do planeta, e começará tudo de novo. Esse tudo de novo pode ser nos reinos mineral, vegetal ou animal.

A bondade está na abertura para viverdes este mundo quantas vezes puderdes, mesmo que cometais erros, mesmo que falheis, roubeis, mateis, mintais, vós estareis vivendo vossa experiência na íntegra. Isso é bondade. Quantas vezes precisardes vir e viver, podereis fazê-lo. É uma gentileza do universo que reina e da coletividade superior.

A existência não faz julgamentos, apenas acolhe com bondade tudo que precisa ser vivido. Se fizestes coisas as quais precisareis voltar para entender e superar, vós mesmos programareis uma vida de ajustes que pode representar dor e sofrimento, mas será respeitada assim como foi desenhada.

Nada nem ninguém tirará a oportunidade de viverdes aquilo que vós mesmos desenhastes para vós por meio de vosso ser maior. É a bondade da experiência. A bondade da existência. A bondade dos criadores desse jogo e deste universo. Vós todos podeis tudo quantas vezes precisardes fazer o que tiverem que fazer, de bom ou de ruim, como classificais.

Conexão com a bondade

Vossa essência contempla todos os elementos que são necessários para a experiência tridimensional. Dessa forma, cabe conhecer que habita em vós o que chamais de bem e mal. Ninguém e nenhuma alma deste plano é imune ou vive à parte dessa condição. Somente o fato de nascer já absorve todo o "bem" e todo o "mal" necessários para constituir os fatores de relação neste plano.

Quando vós vos relacionais, o fazeis baseados na energia responsiva que gerais por meio de vossa mente. Tudo o que vedes e interpretais são geradores de energia. Vossa vida é um campo integrado que reverbera vossos pensamentos e emoções. Tudo isso impregna vosso corpo energético. Sendo assim, quando falamos de relações humanas, são humanos interpretando humanos. Não necessariamente se relacionando. Vossa interpretação forma um campo, e esse campo comunica-se com outro campo. No fundo, são campos comunicando-se com campos.

Cada campo responde a estímulos. Todo universo vivo responde a estímulos como se fosse uma teia viva, e o que nela cai afeta todas as suas partes simultaneamente. Se quereis compreender as relações "humanas", precisais estudar sobre estímulos. Vós estais na condição de responder a estímulos. À medida que o estímulo é verdadeiro, tem propósito e se baseia em uma vibração intencional superior, mais se alinha com o encurtamento da experiência.

O bom é exato

A existência em si deriva de fatores que, conjugados, proporcionam todo o fluxo de manifestação em diversos níveis ou faixas vibratórias. Esses fatores têm inúmeros elementos, e um desses elementos, que posso mencionar em vossa realidade e o compreendereis, são os números. Os números dizem tudo o que precisais. Por meio dos números podeis decifrar realidades e o que está aparentemente oculto. Os números são também uma forma viva de energia; mesmo que vós não compreendeis isso, eles vibram e criam. A conjugação de números traça realidades e anima coisas.

Os números são, de certa forma, uma grandiosa energia de generosidade com o todo.

Se conseguimos analisar a bondade em essência, isso não seria possível sem deixar de ver a exatidão do universo e de vosso plano. A exatidão de tudo é uma manifestação da bondade.

A natureza tem sua fórmula numérica; o corpo que vós, da raça humana, habitais é feito de uma fórmula exata. O que faz tudo funcionar é a conjugação de números.

Estudar a matemática e suas derivações é uma forma bem sensata de compreender os assuntos invisíveis de vossa realidade.

Não é difícil entender o que quero vos mostrar. Quando olhais para um edifício ou uma obra construída, conseguis tocar, pisar, vós vos sentis seguros ao subir a andares mais altos, conseguis sentir o cheiro dos materiais e até morar ou trabalhar em tais lugares. No entanto, estais morando ou trabalhando sobre fórmulas e compostos numéricos vivos que, em conjugação, sustentam e dão a firmeza esperada. Vede como lidais com o visível sustentado pelo invisível.

O universo é todo codificado e numérico. Há várias faixas vibracionais às quais não tendes acesso enquanto estais na experiência terrena. Minha existência, como sou, é uma fórmula, e isso é perfeito. Essas fórmulas de perfeição trazem vida e fluxo a tudo, e por absoluta generosidade. O 1 é 1. O 2 é 2. Assim constrói-se tudo, em sequências fabulosas. O números são bons, são generosos e sempre vão reproduzir aquilo que é colocado neles. Se fizerdes um mau uso dos números, eles generosamente vão vos dizer isso. Se fizerdes um cálculo errado em uma ponte, os números generosamente vão vos mostrar, fazendo a ponte cair.

Assim ocorre, igualmente, em tudo que não é concreto. Vossa mente também é numérica e responde a estímulos que, se estiverem exatos em vossa essência, vos permitirão as melhores experiências.

A natureza e as plantas sabem muito bem disso. São fórmulas preciosas de beleza e grandeza, além de sustentação do plano. Vivem e morrem no mais absoluto esplendor. As plantas que nascem e morrem têm dentro de si o código do término da experiência, e isso é de extrema bondade, simplesmente porque foi tudo combinado e acertado. A exatidão é boa e torna tudo um campo de harmonia autoexperimentada.

Estudai e vos conectai com números. Eles são elementos vivos que constroem realidades.

A visão da bondade

Tudo em vosso mundo passou, em algum nível, por relacionamentos. Vós vos relacionais com coisas, seres, energias, pessoas etc. Vós estais a todo o tempo vos relacionando, e é nesse fluxo que passais a ter um nível maior de compreensão sobre tudo que envolve vossa existência. As relações com a natureza são pautadas por três mecanismos:

1. Quando conviveis com outros seres e elementos e não sentis a luz e a força próprias da natureza. Vós passais por plantas que vos dizem "oi", e vós sequer sois capazes de perceber que há comunicação e relacionamento. Muitos de vós não conseguis ver que o fogo, o vento e a água se comunicam. Essas forças, que funcionam de uma forma diferente de vossa manifestação individualizada, são completamente generosas e participativas. Seres que vós rejeitais, como sapos, aranhas, vermes, mosquitos e escorpiões, são simplesmente manifestações da energia maior da qual também sois parte. Esses seres têm sua generosidade programada em sua essência. É da natureza do escorpião usar seu veneno, da cobra mais ardilosa atacar, e isso tudo é a bondade do universo colocando todos os atores em cena para que a experiência seja ampla e completa.

Entendei que tudo isso forma o cenário para uma experiência coletiva magnífica? Eu posso compreender que, em vossa presença física, a experiência da picada de um desses seres pode ser desconfortável, dolorosa ou até levar-vos ao fim de vossa jornada. Mas entendei que em vossa vida, se tiverdes que passar por qualquer experiência programada, ireis passar. O que vos restará é o olhar de interpretação. Estareis vendo o lado bondoso da vida ou vos indignareis com o fato? Tudo é bom, mesmo o desagradável.

2. O outro mecanismo de relação é simplesmente perceber e cuidar daquilo que está entre vós. São pessoas que sabem notar a beleza de uma árvore, que cuidam de seres domésticos, que percebem quando virá chuva, que conseguem ler sinais da natureza. Essas pessoas têm um nível mais elevado de contato com a natureza e com os bichos. Normalmente são pessoas com menos problemas para se relacionar com essas forças. Usam bem os seres e os elementos da natureza, mesmo sem grandes entendimentos.

3. A última forma de contato é profunda e real. Existem pessoas que conseguem sentir e conversar com plantas e animais. Conseguem fazer conexões de energia com diversos seres e elementos. Alguns de vós conseguis conversar com o vento, com as águas, com os peixes, com as formigas. Conseguis mudar coisas. Conseguis fazer chover, formais nuvens, movimentais pássaros, fazeis formigueiros mudar de direção. Tudo isso é plenamente possível. Se conversardes com o fogo,

ele não vos queimará. Há muitos de vós que fazeis isso anonimamente. Não tem nada de mais, simplesmente porque todos os seres da natureza conversam entre si. São bondosos com qualquer um que queira e consiga conversar com eles. Conectar-se com esses seres é mais simples do que podeis imaginar. Vou vos dar chaves para essa conexão, da qual sei que muitos se esqueceram.

- Vede todos os seres da natureza como seres de alma boa. Sede bons e generosos ao olhar para eles.
- Retirai toda a arrogância de vossa condição humana. De forma geral, vós, na raça humana, agis de forma arrogante, sentindo-vos superiores a qualquer ser da natureza. Por exemplo, qual a diferença entre vós e uma minhoca? Fazei essa pergunta para a maioria de vossos conhecidos e vereis que o riso ou o deboche será o elemento de condenação da minhoca. Aí reside o problema em não conseguir se comunicar com a natureza. Saí da condição humana e colocai-vos na condição de um ser energético; vede o outro também como um ser energético, independentemente da forma física e da condição estrutural do corpo. As estruturas vivas de energia são parte de tudo, e vós também o sois. Todos se comunicam e partilham da presença e de funções neste mundo. Vossa raça precisa entrar em comunhão com as espécies e absorver a sabedoria da confluência.

- Admiti que eles têm uma inteligência e se comunicam. Eis a condição mais simples de todas. Acreditai que eles interagem. A fé e a crença são vossos canais de comunicação.
- Saí da lógica humana para captar o que dizem os outros seres. Eles não passaram por uma escola de línguas como vós. Então não se comunicam como vós. Esquecei palavras, lógica, raciocínio etc. Esquecei tudo que aprendeis. Esse é o pressuposto básico de captação do outro ser, seja ele um inseto, um animal, uma planta, uma pedra, o vento, o rio etc. Esses seres se comunicam de outra forma; emanam campos de energia que informam e aceitam que vós os informeis e interajais com eles. Essas trocas se dão de várias formas, mas a essencial é pela energia em fluxo ou emanação. Quando vós vos concentrais em algo, esse algo se conecta a vós automaticamente. Ao vos conectardes, retirai em um primeiro momento vossa intenção e abri-vos ao outro. Senti e percebei as informações que vêm. Vós acabareis por entender o que eles estão dizendo. Sabeis por quê? Porque existe uma linguagem universal em vosso plano que somente vós, humanos, desconheceis. Mas se vos dedicardes, podereis captar uma língua única que é falada por todos os seres. Essa língua está ligada às sensações e aos entendimentos sem lógica.

Uma vez que alguém se abre ao outro, será generosamente percebido também. Eles são superatentos. Vossos pensamento e intenção são transformados em energia, e eles captam a mensagem pela energia que se converte em linguagem planetária.

Se, por exemplo, vós quereis que um coletivo de formigas mude seu fluxo de alimento de vossa cozinha para outro lugar, é provável que, se conseguirdes vos comunicar, elas procurem outro lugar para se abastecer. E o farão por pura bondade. A natureza é boa em essência.

Por tudo que vos digo, é importante que entendais que precisais ter uma visão de bondade. Precisais ver o bom e como tudo é generoso. Abrir a vossa visão à bondade desobstrui os canais de comunicação e interação com as forças da natureza.

De igual forma podemos levar esse aspecto de visão para os seres humanos. Vós tendes um outro fator de relacionamento que é entre vós. Nesse campo vós tendes muito aprendizado, e a base para vos relacionardes melhor é muito simples: vede o bom no outro.

Toda pessoa em vosso mundo tem bondade no coração. Não há pessoa que não a tenha. Mesmo que ela não acredite ou tenha passado por dores tão agudas que selaram sua bondade, acreditai, o sentimento ainda está lá, porque todos nasceram da bondade e não há como tirar a bondade dos seres humanos. Pode-se escondê-la, anulá-la, mas acabar com ela, impossível.

Portanto, a primeira coisa que vos oriento é a entenderdes que todos têm bondade.

Vós podeis me perguntar, então, por que determinadas pessoas fazem tantas coisas ruins. Independentemente do que elas pratiquem, sabei, e repito, que elas têm bondade.

A pergunta que tenho para vós é: Como pôr essa bondade para fora?

Generosamente vos darei a resposta: ativando a bondade no outro. Reconhecei o lado bom do outro. Quando ativais o lado bom do outro, anulais o ruim ou a distorção. Para ativar o lado bom, vamos ao vosso dever diário?

1. Não há como ativar o lado bom enquanto tendes pressa com a mudança do outro. Vossa pressa é vosso julgamento, é vossa impaciência e vosso controle. Essa energia não vibra na bondade. Precisais vibrar na bondade para ativar a bondade no outro. A bondade tem seu próprio tempo. Ela contempla a eternidade. É simples assim. Bondade atrai e ativa bondade.

2. Olhos generosos são requeridos de pessoas que precisam vibrar na bondade. Se enxergardes cada pessoa como se fosse um filho vosso que precisasse de vossa compreensão e amor, vós os daríeis? Pais normalmente têm um olhar generoso. É esse olhar de pai ou mãe que pode curar vossa ânsia de julgamento e vos colocar em condição de bondade com a imperfeição do outro. Vosso olhar é um ativador de bondades. Experimentai imaginar que cada pessoa com quem conviveis possa ser um filho vosso. Se começais a ver todos assim, tornar-vos-eis uma pessoa mais afetuosa, mais carinhosa e compreensiva. Se vos tornardes assim, percebereis que vossas atitudes de bondade com o próximo serão naturalmente recompensadas com profundos e simples gestos de reciprocidade. A bondade do olhar e do gesto com o outro ativa a lei da reciprocidade que reforça toda energia envolta nas relações.

3. Há uma outra forma pela qual alguns podem conseguir ativar o lado bom, e envolve a capacidade de ver passado e futuro. A visão que transcende é capaz que ver o espírito e não simplesmente a persona do momento. Quando vós compreendeis o conjunto da obra daquele ser, simplesmente entrais na energia da honra. Honrar a vida do outro é bondoso. A atitude de honrar o outro gera um campo de grandeza. Cada ser vive uma jornada, e aquela que vos é apresentada nada mais é do que um filme no qual participais de forma vivida. As jornadas se entrelaçam pelos espelhos da vida, e cabe a vós escolherdes como quereis vos projetar nisso. Quando sentis honra em olhar o próximo, ativais a bondade de forma tão magnífica que os raios tendem a brilhar por vós.

Esse sentimento é naturalmente transmitido e torna-se um fator poderoso de ativação da bondade.

Lembrai-vos de que sois todos bondosos e podeis ser uns com os outros se exercitardes o que ensinei. Praticai e vereis como tudo irá mudar de forma sensível.

A bondade do sofrimento

O descolamento de vossa origem e o colamento de vosso espírito em um corpo tridimensional, que no momento é finito, torna-vos iludidos com uma falsa realidade. Essa ilusão é a base do sofrimento. Quando sofreis por qualquer razão, como a perda de algo ou de alguém, o sofrimento é um presente. Todo sofrimento é um qualificado presente do universo. É pura generosidade. É o universo vos dizendo: isso não é real!

À medida que ides vivendo, vós vos identificais com tudo que está materializado à vossa volta. Tudo é uma ilusão. Tudo está em movimento e vos aparece de forma estática. Como é natural vós vos tornardes céticos quando somente o concreto e explicável seja considerado, vem o sofrimento para bater em vossa alma, relativizando a verdade absoluta do que é visto e palpável.

Para nós, isso é mais do que natural. Existir o cético, o ateu, o religioso, o crente, não importa, pois isso faz parte da vossa experiência. O que afirmo é que o sofrimento é o grande amigo que vos sacode e vos diz: transcende isso!

Bondade é aceitação

Vós tendes a possibilidade de viver tudo que tendes que viver. No entanto, não é isso que ocorre com alguns de vós. A inclusão de passado e futuro em vosso instante vos tira a possibilidade de entender a manifestação de uma vida nesta vibração. Muitos não vivem o momento do respiro, e simplesmente respiram. Respirar os mantêm vivos, mas não é viver.

Onde estais é onde deveis estar. Se decidis andar e vos mover, é o que precisa ocorrer. Se iniciastes algo, assim deveria ser. Se chegastes ao fim, então o fim era para ser assim.

Em cada instante de vossa presença, vede que tudo que está à vossa volta é o que deve estar à vossa volta. Aceitar todo o vosso entorno, sejam pessoas, pensamentos, objetos, lugares, sensações, condições ou qualquer outra coisa, determina o vosso estado e a vossa existência. O que podeis fazer com cada instante de vossa vida? Aceitai-os. Dizei a vós mesmos: tudo bem, era para estar assim ou ser assim até agora.

Aceitar não vos limita a não fazer mais nada se o tiverdes que fazer. Aceitar faz que olheis para o presente, entendais o passado e projeteis o futuro. O aceitar vos tira de qualquer conflito interno ou mesmo externo, e vos coloca em um fluxo que pode, a partir de então, ser mudado.

Estar em uma condição não favorável ou desagradável não vos impede de agir se tiverdes condições de fazê-lo.

Quereis mudar algo, ide e mudai, mas parai de vos lamentar. Os lamentos humanos tornam a raça fraca e servil em relação às suas próprias realidades.

Entender que tudo o que estiverdes vivendo ou vivestes era o que precisava ocorrer em vossa jornada, é uma forma de serdes generosos com as escolhas que fizestes ou com o padrão em que construístes vossa vibração.

A bondade da materialização

Todo o tempo vós quereis vos autoexperimentar. Isso é maravilhoso, porque é o exercício de vossa plena vontade e manifestação. É para isso que estais aqui. Autoexperimentai-vos, traçai vossos planos, estabelecei coisas para vós, desafiai-vos, arriscai, acertai, errai, fazei tudo que sintais que é preciso fazer. A vida é isso, é aventurar-vos a partir de vossa vontade. Tudo vos foi dado generosamente para que possais cumprir com vosso ritual de existência. A cada ação que tomais, vós materializais algo. Há no universo uma outra bondade para vós que é a materialização. Vós podeis criar o que quiserdes na disposição do que o mundo vos dá.

Quando criais algo, fazeis algo novo, ou mesmo quando tornais algo real, estais sendo criadores em uma esfera tridimensional. Quando juntais os ingredientes e fazeis uma torta, vós criais uma coisa. Mesmo que algo tenha sido criado por meio de tecnologia, fostes vós que criastes a tecnologia, então há a materialização de qualquer forma.

Toda materialização é um gesto de bondade, não só do universo, mas de vós para convosco. Vossas materializações são sinais de tudo o que é. Elas dizem sobre vós, vos trazem informações e vos ajudam a tomar decisões. Se vós vindes materializando dor, sofrimento, problemas e erros, precisais aprender com a situação e mudar alguma coisa.

Da mesma forma, se vossas materializações vêm vos trazendo crescimento, boas energias e expansão positiva, significa que algo está muito alinhado por trás. Assim deveis aprender também.

A materialização é a resposta do universo para vós e sobre vós. Entendei que tudo o que possuís hoje, mesmo que não seja vosso, é uma generosa resposta que está cheia de informações a vosso respeito.

Bondade é semente de compreensão

A ansiedade é o desejo de controle para vos sentirdes seguros; leva-vos a uma armadilha nas relações: muitos de vós não tendes paciência com os outros. A armadilha da impaciência leva-vos a uma segunda armadilha: pedir paciência para acabar com a impaciência.

Quando vós, em vossa ingênua intenção, requereis das energias maiores a tão clamada paciência para lidardes com algo que foi produzido internamente, vós simplesmente abdicais de toda e qualquer responsabilidade por aquilo que vós mesmos produzis.

Quando pedis paciência, vosso clamor coloca-vos em um papel de que alguém ou algo maior deveria vos trazer a sabedoria ou paz de espírito para domardes o ímpeto interno prestes a sair sem controle.

É claro e notório que não será pedindo paciência que a tereis; muito pelo contrário, vosso estado tende a explodir com mais rapidez.

Encontrando-vos em tal condição, então o que fazer para obterdes a sonhada paciência, a fim de lidar com o outro ou com situações cotidianas?

Mostrar-vos-ei que tudo é muito simples de se resolver. Se criardes a impaciência, deveis reconhecer que desejais algo de alguém ou de alguma coisa. Não há como ter impaciência sem a expectativa e o desejo. Então, vós abris uma vala de vontades sobre o futuro. Quereis que algo se movimente no presente da forma como acreditais que deve ser. No entanto, nem sempre tendes o controle da forma como as coisas se movimentarão. Quanto mais ficardes concentrados no que pensais que "deve ser", mais sofrereis, porque sobre o externo não tendes controle.

No entanto, existe uma forma de lidardes com isso tudo e que freia todo o ímpeto da impaciência.

A chave dessa porta é muito simples: a compreensão.

Muitos de vós têm enorme dificuldade de vos colocardes em uma posição da qual consigais entender com absoluta clareza o que se passa com o outro, independentemente de concordardes com ele ou não. A compreensão é o exercício frequente que vos faz abrir diálogos, buscar soluções, usar sabedoria para vos guiardes em situações que por vezes parecem difíceis.

Quando optais por entender a situação, mais fácil se torna ajustar vosso tempo ao tempo das coisas. Esta se torna, então, a matriz primária da paciência: a compreensão.

Sede generosos com vossa existência

Vosso perfeccionismo e vossa autoexigência podem vos levar a um campo de batalha com vós próprios. A guerra que as pessoas travam entre si são precedidas por suas guerras internas. Há uma autoilusão de que estais neste plano para vos tornardes perfeitos. Gravai bem: nunca sereis. As condições desse jogo e os contextos dimensionais não permitem isso. A grandeza da experiência humana é saber lidar com sua condição de corte de consciência e de aprisionamento temporário do espírito.

Estar em uma condição de baixa frequência como a vossa permite-vos exercitar a grandeza diante das confusões, dos erros e até da fraqueza.

Se vós, que programastes vossas matrizes de experiências, escolhestes passar pelo que estais passando, por que então vos martirizardes pelos erros e desacertos?

A lógica do coletivo nem sempre traduz a vossa lógica existencial. Muitas das verdades que vos chegam não condizem com vosso desígnio. Os erros e as falhas fazem parte de vossa experiência; não são vossa essência, mas são os tropeços de vosso caminho. Parai de sofrer com vossas deficiências. Olhai para elas, vede o que estão vos dizendo sobre vossa forma de pensar e agir. Aprendei com cada respiro que dais. Vede a beleza de vossa existência e como é belo acertar e errar.

Sede generosos com cada ação que tomais, por mais problema ou dor que ela traga. Entendei que vossa condição é mínima para que possais transcender toda a dificuldade e o corte de lucidez. Elevar-vos é vosso desígnio, mesmo diante do que considerais errado ou mau.

Ser generoso é ser capaz de se perdoar, ainda que se tenha de pagar pelo que fez.

Vós sois como peças inacabadas, que precisam ser moldadas mesmo no movimento.

Quando éreis crianças, não sofríeis com cada erro, com cada palavra mal colocada, com cada tropeço; vós vos divertíeis e aprendíeis. Esse é vosso original espírito. Resgatai a originalidade que está impressa em vossas memórias de infância. Beleza, fé, ingenuidade e ser vosso próprio experimento já faziam parte de vossa natureza existencial.

Portanto, já tendes a matriz original de vossa existência para serdes generosos hoje, simplesmente porque já fostes generosos ontem.

Recordar é trazer a essência para o presente.

A bondade do universo para com uma família espiritual em aprendizagem

Família espiritual é uma coletividade que se manifesta em um campo e se experimenta pela fragmentação individual. Nesse campo do universo, e na existência tridimensional de vosso planeta materializada em sua superfície, abriu-se um mundo de possibilidades. Várias famílias espirituais já estiveram em vosso plano em diversas épocas e com diversos propósitos.

Decerto vossa curiosidade é latente quanto a esses assuntos e a essa história. Afirmo que história não falta e não faltará, pois o campo de memória é um dos propósitos de consolidação da atual experiência humana. Poder-vos-ia lembrar da época em que existiam seres bem diferentes do que sois hoje como humanos. Mas é pouco útil abrir-vos algo que, no fundo, já sabeis e tereis pleno acesso quando voltardes à vossa origem espiritual. No entanto, estou me referindo a essas histórias porque ainda viveis as experiências espirituais de uma família que ousou experimentar uma relação que gerou um campo de relacionamento mais estreito com a raça humana.

Tempos atrás, os humanos eram apenas uma espécie entre os milhões de seres que habitavam a superfície deste planeta. A raça era relativamente bem adaptada e considerada, vamos dizer assim, uma das mais frágeis e inofensivas.

Vossa realidade física revela muitos interesses, mesmo sendo naturais, de exploração e de experimentos. Muitos grupos e famílias espirituais fizeram experimentos na Terra. Uma dessas famílias resolveu usar uma das raças para obter alguns benefícios em relação ao seu próprio planeta. Nesse momento, de seu próprio passado, tal família manipulou geneticamente a raça humana, fazendo assim um movimento não programado na existência das interfaces terrestres. Esse movimento na raça gerou, ao longo das centenas de milhares de anos, um problema de desbalanceamento do campo de equilíbrio terrestre. Muitas cidades espirituais foram criadas, naves foram colocadas a serviço do volume de seres criados e que precisavam de assistência psíquica para refazer e aprender com as experiências encarnadas.

Mas essa família tinha muitos aprendizados a adquirir e ainda não havia obtido uma evolução significativa nos princípios de causa e efeito, e no princípio de que tudo pode ser criado e vivido à luz do criador.

Após inúmeras interferências no planeta, e depois de ter obtido uma relativa evolução na raça e no campo mental, a família se viu presa energeticamente à raça, a ponto de entender que a raça humana agora dependia de tudo o que havia sido feito e manipulado. Vários membros da família se apoderaram de partes da Terra e de aspectos energéticos das linhas que sustentam o plano. Muitos desses seres passaram a criar seus próprios seguidores na raça humana. Quando vós contais histórias mitológicas que envolvem deuses, tais entidades realmente existiram e são parte dessa numerosa família que se apossou das experiências da raça humana.

Vós podeis pensar que essa família é má, mas não é. Ela pode ser atrapalhada, mas vós, como raça, sois hoje imagem e semelhança dessa família. Todos os dramas que viveis vêm dessa família.

Quando a família entendeu que ficara amarrada à raça humana por força de algumas leis universais, resolveu permitir que seus membros encarnassem e vivessem experiências até que pudessem superar o drama que criaram.

Talvez imagineis que esse desenrolar se dê agora, neste momento que viveis. Não vos enganais, pois esse drama coletivo existe há mais de 400 mil anos e perdurará ainda por milênios.

Vosso tempo é diferente do tempo dessa família. Um ano dessa família representa muitas centenas de anos da dimensão terrestre.

Ainda assim deveis estar pensando: Que porcaria essa família fez? Tudo neste mundo é permitido. Tudo que já ocorreu até hoje é válido. Eu quero vos dar um único e bom motivo para não condenardes essa família: vós sois ela. Grande parte dos seres que encarnam neste planeta pertence a essa numerosa família. (Sim, é fato que existem outros grupos atuando aqui, mas não tão numerosos quanto essa família.)

Há membros dessa família que se dividem em dez, quinze indivíduos e encarnam em diversas partes e sob distintas condições no planeta.

Tudo que experimentais foi programado por vós mesmos. Os dramas que viveis aqui, viveis lá de uma forma diferente, mas também igual. As questões políticas, as guerras, as mortes, o amor, o prazer, a sabedoria, a estupidez, absolutamente tudo que viveis aqui foi trazido de lá para que pudésseis evoluir.

Os jogos de bem e mal, a dualidade, tudo representa elementos que apoiam as vossas experiências.

Estais sendo generosos com vós mesmos quando criais condições de aprendizagem em uma encarnação.

Vós quereis experimentar muitas coisas para que possais seguir adiante e, como família, fechar esse vínculo energético como raça. Por isso a raça oscila em diversos níveis de vivência. Desde os mais gratificantes aos mais bárbaros.

Mas por que me foi atribuída a missão de vos revelar tais informações mesmo sabendo que vossa experiência terá longa jornada ainda? Para que entendais que sois todos uma só família. (Salvo exceções, como disse anteriormente. Mas essas exceções estão totalmente vinculadas às experiências planetárias em profundo compromisso evolutivo.)

Como precisais criar no plano terreno contextos para trazer as questões espirituais que não estão purificadas, surge assim toda uma construção de realidades a serem vividas. Precisam-se de cenas, pessoas, estilos, condutas, personalidades etc.

Então, alguns da família decidem descer para fazer coisas ruins, enquanto outros descem para elevar o espírito; há quem venha para entender o que é uma família, e outros para experimentar o poder. E assim as coisas se movimentam. Cada um de vós já experimentastes muitas nuances existenciais. Alguns já foram bandidos e assassinos outrora, ou personagens marcantes, filósofos, pintores, políticos, negociantes, soldados etc. Vós programais vossa vida para que possais experimentar o que precisa ser aprendido.

Portanto, todo ser que verdes fazendo coisas inapropriadas são vossos irmãos aprendendo algo. Não significa que a partir de hoje ficareis em uma postura de observador, aguardando as coisas se movimentarem. Não é nada disso. Deveis interagir e tomar as providências que, em vosso íntimo, acreditais ser necessárias.

Se alguém rouba, outro alguém tem o papel de ajustar esse campo de energia. Mas vamos entender de uma forma mais ampla. Aquele que roubou é membro da família! Hoje ele está nessa condição, mas no futuro pode vir ao planeta com outra programação, inteiramente distinta, e vós podereis estar fazendo um dos papéis mais desafiantes em termos de existência.

Este é vosso mundo! Por isso, olhai com mais generosidade a família que ficou presa neste plano, tendo de aprender e de evoluir como raça.

Gravai bem: tudo que aprendeis, experimentais e evoluís, vem da família, bem como dos criadores deste universo e dos seres que comandam o planeta e permitiram que a família aqui fizesse seus experimentos.

Como funciona a evolução da raça? O conhecimento é disposto em campos vibracionais à medida que a vibração do planeta e da raça se eleva. Quanto mais a vibração se eleva, mais "o outro lado" abre informações e as coloca nesses campos. Vós acessais esses campos por duas formas: uma delas é elevando vossa vibração e captando sabedoria e entendimento; a outra é adquirindo conhecimento com as perguntas ou questões certas. Respostas não vêm sem perguntas. Por isso, estudar, aprender e buscar a evolução eleva a alma, e uma pessoa pode baixar tais informações dos campos.

Portanto, entendei que vós recebeis aquilo que fizestes por merecer. E o que recebeis, no fundo, é de vós mesmos.

Vós sois uma fagulha de consciência descolada de uma consciência completa que, por sua vez, fica vibrando em um outro nível dimensional e realizando trabalhos.

À medida que passais a olhar uns para os outros de forma mais fraterna, mesmo que atitudes precisem ser tomadas, mais condição tendes de andar evolutivamente no avanço da raça.

Outros grupos espirituais descem aqui também com propósitos distintos, mas dentro das leis deste universo e das regras deste planeta. Todos os grupos que aqui estão têm o compromisso de assegurar as regras e interagir para contribuir com tudo que está ocorrendo no plano. Portanto, todos são seres contributivos de alguma forma.

De onde vem essa família, quem são seus membros e como são eles, pouco importa. Não creio que deveríeis gastar vossa energia nisso. Sabeis por quê? Porque sois vós essa família. E se não vos recordardes disso era para não vos recordardes mesmo. Na programação existencial de cada um há comandos claros para não haver nenhuma memória ou lembrança. Há programações em que a pessoa precisa ser cética, não acreditar em nada e em ninguém, pois só assim cumprirá seu entendimento de viver. Já há pessoas cuja programação é ser crédula, ter sensibilidade, ver coisas no além e se comunicar com seres do outro lado. Isso significa que são criaturas elevadas e melhores que outras? De forma alguma. Apenas afirmo que as programações delas foram criadas para isso, por mais que algumas impressionem a raça. Mas elas foram programadas para impressionar.

O que define vossas programações? Existem cinco fatores básicos.

    1. Se a experiência programada foi plenamente vivida. (Quando isso não acontece – o que não é incomum –, o próprio ser programa outra experiência

igual. Pode ocorrer de muitas pessoas viverem a mesma coisa várias e várias vezes.)
2. Se há um conjunto de emaranhados favorável para uma experiência.
3. Se há um incômodo na alma a ponto de levá-la a querer algo.
4. As correções da última experiência.
5. Se o nível frequencial da alma estiver vibrando no nível da experiência que será programada.

Sendo assim, vossa experiência vibra de acordo com o que está se passando em vossa vida hoje. Assim como em cada vida em todo o planeta.

É importante que vejais a bondade do universo para com a família, permitindo que ela possa aprender com as manipulações feitas na raça. A bondade reside no fato de a família encarnar na raça humana e passar a guiá-la a partir de um nível de consciência causal.

É mais do que natural que a família queira se autoexperimentar. Dessa forma, diante dos ciclos da humanidade, vós, como manifestação da família, sereis os movimentadores de tudo. Vossa experiência somente se justifica se houver todo tipo de experiência. Vós criais modos para depois questionardes os modos criando novos modos, e assim sucessivamente, quebrando-os para justificar o fluxo dinâmico da experiência como sociedade e família humanas.

A cada nova geração, o fluxo divino de energia já não é mais o mesmo, as informações e o conhecimento disponibilizados no campo se avolumam e os novatos, muitas vezes, já nascem em alta vibração, ora captando o campo de conhecimento, ora acumulando memórias passadas que potencializam o presente.

Em vossa condição de análise, vosso plano se encontra em aceleração, e é importante que entendais que tudo ocorre pelo outro lado, ou seja, não é por meio de vós. Vós sois a ponta da experiência. Há muita coisa acontecendo; há vida, há movimentos, há regras e princípios acordados para que tudo funcione e a família que está atrelada ao plano possa contemplar sua evolução de forma bela.

Parte 3

O amor

Amor, na condição humana, quando falais de relacionamento a dois, é a entrega do tempo. Todos têm um tempo limitado na atual compleição da raça, neste momento planetário. Considerando que vós, de forma geral, não sabeis por exato quando deixareis a experiência de corporificação, o tempo vos é algo precioso. Tudo que está ligado ao relacionamento tem a ver com o tempo, pois quando uma pessoa resolve viver com outra, ela simplesmente decide doar seu tempo àquela pessoa. Decide entregar ao outro um dos bens mais preciosos que lhe foi concedido. Quando vos propusestes a sair para trabalhar, voltar para a vossa casa e encontrar aquela pessoa vos esperando, decidistes entregar aquele tempo a ela, e ela decidiu entregar o tempo dela a vós. Quanto vale uma pessoa? Posso vos assegurar de que vale o tempo que entregais a ela.

Dessa forma observareis os mais variados momentos em que a coletividade humana vive sob a inconsciência do valor do amor pelo tempo. Encontrareis seres humanos odiando a presença de seus companheiros e as horas que eles lhes tomam; lamentando o tempo que as crianças lhes tiram com suas necessidades de descoberta e interação, ou os momentos em família que acabam privando-os de um prazer pessoal, entre outros.

Não é justo, para convosco nem para com o outro, entregardes vosso tempo a fim de receber ou produzir uma energia que vos consome. Não há amor nesse estado, somente dor e sofrimento, dos quais certamente estareis precisando, até quando quiserdes.

O ambiente de amor é construído quando o tempo vale a pena. Quando a união de duas pessoas se justifica e acende a chama da energia. E quando a energia está em alta os corpos a sentem e querem realizar trocas. Quando trocais energias por meio da copulação, elevais o estado criativo e abris espaço para mais renovação energética em vossa existência.

Por isso vos convido a analisar como deveis usar vosso tempo, pois é o que tendes de mais precioso e está inteiramente relacionado com o amor.

O amor em todas as relações

Em algumas culturas humanas de vosso planeta, muitos se referem ao amor entre poucos. Pais e filhos, irmãos e irmãs, companheiros e companheiras, por animais estimados; mas convido-vos a expandir a troca energética do amor a realmente todos à vossa volta.

O amor envolve tempo doado e troca de energia. Quando estais plenos e quereis doar parte de vosso tempo ao outro, podeis fazê-lo por amor ou por obrigação. Como lidar com isso apropriadamente? A partir da consciência, ou seja, desde que tenhais clareza e ciência do que fazeis e por que fazeis algo ao outro. Muitos de vós trabalhais para ser remunerados a fim de poder pagar vossas despesas e realizar vossas vontades. Para isso precisais conviver com uma série de outros humanos em condições similares. Nessas situações, trazer o amor para o trabalho simplesmente transforma tudo à vossa volta. Não estou me referindo a abraçar, beijar e acarinhar as pessoas, sendo que isso é positivo, mas a ver o outro como uma pessoa que, de alguma forma, participa do vosso mundo e troca energias convosco. Não seria esplêndido receberdes energias e doardes energias para o outro? Por isso vos digo: ponde amor nas relações, em todas elas. Principalmente quando passais mais tempo em algo, como muitos fazem no trabalho.

Amar o outro é doar vosso tempo de forma precisa, justa, útil e para o bem. Não permitais desperdício, pois isso não é amor. Não jogueis tempo e energia fora para que tenhais abundância para compartilhar.

Decerto alguns entendem que devem se doar por completo ao próximo a ponto de se esvair. Isso não é amor, é compensação emocional. Não gasteis vossa energia e vosso tempo além daquilo que tendes e do que não vale a pena. Vosso discernimento também regula o uso do vosso amor.

Vós todos viveis em redes de condições coletivas. Essas condições humanas foram estabelecidas por vossos antepassados. Amar é reconhecer as condições, escolher qual usar e como vos doareis por meio delas.

Sendo assim, aprendei a dizer sim e não. A base para isso é o amor. Pessoas que têm dificuldade em dizer essas duas palavras na hora certa estão fora de seu tempo real, não compreendem que sua energia é o bem mais precioso de que dispõem enquanto vivem nesta vibração.

Vós precisais uns dos outros

Considerai um balde de água. Quanta água ele contém? Quantas moléculas e partículas há ali? Imaginai que a água queira se autoexperimentar e resolva se partir em milhões ou bilhões de partes que se espalham pela terra e ali dão frutos, se renovam, adotam formas diferentes, cores misturadas, tornando cada partícula única.

Quem são essas partículas? Que nomes têm? Qual a origem delas? No fundo, são oriundas de um balde e chamadas de água ou qualquer outra denominação. Mas, em essência, são todas uma coisa só.

Assim é vossa condição. A ilusão de vossa experiência vos conduz ao entendimento de que tal situação seja única e especial, a ponto de acreditardes que, ao deixardes vosso corpo, assegurareis a permanência de vossa individualização.

Entendei que vossa partícula é uma parte, muito ínfima mas não menos importante, de algo maior. É como uma molécula de água que, quando regressa renovada, mistura-se com tudo o que ela é. Assim funcionam as sínteses de experiências que tendes, cada vez que se materializam na terceira dimensão e escolhem alguma espécie para experiências.

Vossa origem está, vamos assim dizer, no balde. Tudo é água! Então, sabei que vós todos sereis um só quando sínteses maiores forem feitas. Por isso, em vossa experiência individualizada, quanto mais aprendeis a trabalhar no coletivo e na construção de relações de ajuda, mais ativais a energia primária que pulsa em vosso corpo em diversas frequências.

O "ou" e o "e"

A condição em que vossa raça se encontra carrega, naturalmente, um sentido de relacionamento que provoca, de certa forma, uma tradução equivocada de como as coisas são em essência e de como elas foram programadas para ser. Vós vos relacionais de forma infantil, como crianças que idealizam condições humanas que, no fundo, nesta vibração, nunca serão o que gostaríeis que fossem.

De forma geral, é notável constatar que as buscas se dão por seres humanos perfeitos. Algo como:
- quero encontrar um homem honesto;
- quero achar uma mulher decente;
- quero ter uma amizade verdadeira;
- quero ter uma pessoa boa comigo.

Essas e outras idealizações são, para dizer o mínimo, fonte de sofrimento, pois, à medida que avançais nas experiências da vida, ides encontrando vossos opostos: sois traídos, agredidos, enganados, subjugados etc.

Quando passais a experimentar os opostos, tanto o bem quanto o mal, passais a manifestar a polaridade em vosso julgamento. Nesse momento, caís literalmente na armadilha de "esta pessoa é boa ou ruim", "ela é verdadeira ou falsa".

Basta que algo vos traga decepção, e imediatamente o outro é banido do bem e vira o mal.

Em outras palavras, vosso relacionamento é do tipo "ou". Ou a pessoa é uma coisa, ou ela é outra. Muito bem, vamos ajustar essa concepção deturpada sobre o ser humano.

A condição em que a raça humana se encontra na terceira dimensão vibracional é de experimento. Não há como experimentar o "jogo" da terceira dimensão sem haver energias dissociativas. Uma energia dissociativa contrapõe a existência provocando uma reflexão da própria existência. Ou seja, as sombras são derivadas da luz, como que criando um jogo de profunda aprendizagem.

Para que exista a sombra, o jogo precisa envolver todos os participantes em sombra e luz, do contrário não há condições para sustentar o volume de experiências criadas.

Dessa forma, com a dissociação da luz, a raça humana traz em seu âmago tanto a essência do bem quanto a do mal. A humanidade carrega o jogo de polaridades dentro de si para que possa contribuir e, ao mesmo tempo, ser partícipe de suas equações projetadas.

Sendo assim, é importante entender que seres humanos, como participantes desse jogo, carregam dentro de si tudo de bom e de ruim, simultaneamente. Não há ser humano que, em sua natureza, tenha um lado sem ter o outro.

Portanto, se encontrardes um homem bom, sabei que ele tem a maldade dentro de si. Quando encontrardes uma pessoa honesta, sabei que existe a desonestidade dentro dela.

Por isso é necessário enxergar a raça humana com novas lentes. O ser humano não é isso "ou" aquilo, ele é isso "e" aquilo.

Todos os seres humanos, sem exceção, refletem tudo o que contempla a raça e possuem as virtudes atreladas às desvirtudes.

Pessoas são boas e más, se assim for para classificar dentro de vosso entendimento. Mas deveis conhecer pessoas que não manifestam determinadas atitudes negativas. Sim, é claro. Mas permiti-me explicar. Essas pessoas conseguem controlar ou anular suas características intrínsecas. Elas são capazes de construir uma forma de ver a vida e agir de maneira que suas desvirtudes sejam eliminadas ou substituídas por outras manifestações.

O fato de existirem pessoas que conseguem anular o negativo não as torna melhores do que outras. Elas apenas aprenderam a fazer isso.

De igual forma, se as pessoas não conseguem frear seus instintos, isso não significa que sejam inferiores às outras, apenas estão sofrendo mais que seus semelhantes.

Pessoas que conseguem vibrar em uma energia positiva não são melhores que outras, apenas não sofrem. Elas têm uma vida mais estável, geralmente.

Convido-vos a adotar o "e" em vez do "ou" para que possais construir uma visão mais realística da natureza humana em sua condição experimental, neste momento do plano.

Filhos

O que representam os filhos? Voltemos à família. Alguns seres gostam de fazer experimentos e se fundir com outros a ponto de produzir uma nova inteligência que, de certa forma, é um aspecto modificado deles mesmos. Alguns seres conseguem se multiplicar sem a necessidade de interagir com outros, mas, em determinadas vibrações, vemos energias novas se constituindo por meio de um movimento coordenado de geneticistas (um termo que possais compreender).

Tal como ocorre do outro lado, dá-se no planeta e na raça humana. Lembro que precisais viver situações semelhantes para que o experimento seja libertador. A partir desse olhar, convido-vos a ver um filho como um campo genético aberto para que uma energia do outro lado possa manifestar seus códigos de vida.

Vosso filho não é e nunca será vosso. Ele representa um elemento de memória relacional para compor as inter-relações humanas. Quando descerdes de vibração e encarnardes, entendei que o código de combinação abrange várias gerações. Há um emaranhado de relações que envolve vossa vida, assim como a dos outros. É algo complexo para compreenderdes, mas perfeito de ser entendido para quem está do outro lado. Há uma inteligência que coordena tudo. No momento em que encarnais já sois vistos pelas inteligências da coordenação como filhos do plano que precisam de apoio.

Vós sois sempre assistidos, incondicionalmente. Toda a raça humana é como se fosse uma criança para nós. Nenhum de vós nos escapa. Sois nossos filhos, com os quais temos todo carinho e cuidado, mesmo quando passais por vossos apertos e dificuldades. Vemos-vos como filhos cuidando de filhos que cuidam de filhos. Para nós, a condição de avô, mãe ou filha é muito simples: todos são filhos.

É hora e entenderdes que sois todos filhos, e que apenas uns chegaram mais cedo e viveram algumas coisas a mais que outros, mas isso não coloca ninguém em condição de superioridade. Todos são filhos. Se enxergardes assim, vossas relações serão de profundo amor e respeito.

O respeito não vem com a força, vem com a sabedoria e com a humildade.

Orgasmo

Orgasmo é um *flash* de conexão com um estado do universo de deuses. No momento de um orgasmo, seres humanos são incapazes de pensar ou fazer qualquer coisa ruim ao próximo. A vibração da mente e do corpo é totalmente alterada na hora de um orgasmo, e essa vibração produz um novo nível de consciência se aquele ser humano estiver inteiramente conectado com o universo, com o outro e com o fluxo derramado a partir do ato.

Como receber o fluxo universal na hora do orgasmo e permitir uma expansão de consciência?

A forma de fazerdes isso é relativamente simples. No momento do orgasmo, trazei à consciência que estais prestes a vos conectardes com o fluxo universal. Somente vos lembrardes que estais sob essa conexão é suficiente para abrirdes o espírito. Procurai trazer exatamente no instante do orgasmo uma abertura do espírito, senti o corpo se abrindo e recebendo o fluxo universal enquanto iniciais o jorro de líquidos. Com a intenção e força de vossa mente, direcionai o fluxo que vem untado ao líquido do prazer para a base do vosso cóccix. Puxai todo o fluxo a partir de vosso cóccix para cima de vossa coluna vertebral. Deixai o fluxo subir. Entendei também que enquanto o fluxo sobe pela coluna vós estais simultaneamente jorrando líquido no outro que participa. O movimento é simultâneo. Permiti que o orgasmo venha e o fluxo vá para a vossa cabeça, explodindo em sensações. Quando isso ocorre, o corpo todo entra em alta vibração. São múltiplas sensações, como se tudo se tornasse maravilhoso, magnânimo e experimentasse um esplendor. É como se as cores todas se misturassem e formassem carrosséis. É uma sensação de total unidade com o universo. É uma sensação de que está "tudo certo". Quando consegue elevar o fluxo universal trazido pelo orgasmo, o ser humano consegue trazer sua existência para um novo nível de bem-estar e percepção. As pessoas tendem a se tornar boas e generosas com absolutamente tudo na vida. O peso diminui e a existência se engrandece. Por essa razão o sexo é objeto de tanto desejo dos seres humanos. Posso dizer que quanto mais sexo fizerdes dessa forma, melhor para vós mesmos, pois a condição sexual foi colocada neste plano com o propósito de unificação, procriação e expansão da experiência para um nível de fluxo universal. Seres humanos têm a condição de chegar a beber de fluxos universais de profundo prazer. Algumas criaturas do universo vivem em um *continuum* de prazer. Vós imagínaríeis uma pessoa sentindo orgasmo todo o tempo? Pois bem, isso existe, mas não na vibração em que estais. Vós teríeis um curto-circuito se um orgasmo durasse mais de um minuto em vossa escala de tempo. Mas existem seres, que vivem em outras dimensões, que conseguem usufruir e sustentar a frequência contínua do orgasmo.

Entendei que para poderdes atingir e capturar o orgasmo, há campos inteligentes que sustentam esse clímax no universo. Ou seja, o orgasmo é um estado vibratório contínuo que é oferecido aos mundos. É pura bondade dentro do acordo. O ceder contínuo é um gesto de manutenção do acordo.

Como o ato sexual é um fluxo altamente prazeroso, muitos seres não conseguem regular sua prática e o fazem reiteradas vezes, mas sem consciência. Quando o movimento do orgasmo é feito de maneira consciente, a duração do sexo é maior e se evita, assim, a necessidade da copulação em série que muitos sentem.

Pontes do saber

Vossa coletividade tem uma diversidade razoável para proporcionar o despertar de vossa existência. É sabido que boa parte de vós quer estar neste mundo em um nível sublime de conexão e sabedoria. Isso é natural e perfeitamente compreensível, tendo em vista que viveis com corte de consciência. É como uma aspiração legítima de vossa alma.

Entendendo e atendendo ao chamado de muitas almas, ou do espírito de cada um, possibilitar-vos-ei a compreensão e o acesso a um modo mais rápido de evolução.

Tudo em vosso mundo envolve interações. Seja nos reinos da natureza, seja na raça humana. Entendei que tudo interage, mesmo que vossa raça não o faça como poderia. Sabei que as pedras se comunicam, as plantas falam, os animais se relacionam e assim vai por todo lado em que há vida material.

Para que possais usufruir de um estado energético que é aberto e livre a todos, aprendei a construir "pontes do saber".

E o que vêm a ser "pontes do saber"? É abrir-vos em dois níveis a cada pessoa com quem julgais necessário aprofundar vossa relação.

O primeiro nível envolve soltar vossa mente e entrar no mundo energético do outro. Isso só funciona quando tendes fé e força de visão. É fundamental vos colocardes no campo do outro, sem nenhuma intenção. Simplesmente visualizando uma conexão entre vós e ele em um nível energético. Se conseguis ver um campo como um corredor de energia entre vós e o outro, podeis saber que o primeiro alicerce da ponte foi construído. Abrir-se ao outro é construir inicialmente um canal ou uma ponte de energia.

O segundo nível envolve o espírito de doação. Quando decidis vos doardes ao outro, abris uma enorme janela para receber aprendizagem e muito mais do universo por meio do outro. Como funciona, em vossa realidade, esse espírito de doação?

1. O gesto de doar deve ser feito sem se querer absolutamente nada em troca.
2. Vós podeis doar conhecimento, carinho, bens, atenção, tempo e muitas coisas mais.
3. Doar envolve certo grau de pureza.
4. A ação de doar implica um espírito de não intencionalidade.
5. É preciso vos doardes de coração aberto.

Ao praticardes a doação vós entrais no fluxo cósmico com lei regente e passais a vibrar de acordo com essa energia. Quando fazeis isso e o outro o sente de forma positiva, abris uma "ponte do saber".

E quando abris pontes do saber, imaginais o que recebeis? Sabedoria! Presumis de onde ela vem? Da relação com aquela pessoa.

Cada pessoa com quem conviveis tem uma chave de aberturas para a transmissão de sabedoria. Quando tais aberturas são ativadas por meio das "pontes do saber", a sabedoria atravessa a vossa mente e é levada até vós, e o inverso também ocorre. Podeis ser uma ponte de saber para outros sem saberdes!

Um dos propósitos para os quais viestes em uma espécie tão diversa é aprender por meio das relações. Vós estais aqui para aprender todo o tempo por meio das relações com outros humanos e com outras espécies.

Se passardes a abrir pontes de saber com todos à vossa volta, vossas consciência e sabedoria serão completamente ativadas em um nível ainda maior do que possuís. Vede então a importância de vos relacionardes com outros em um nível mais profundo. É uma outra forma de sairdes de vossas casas e vos abrirdes para o mundo de relações que vos espera.

Parte 4

O rastro do passado

Vós tendes um hábito coletivo de vos identificardes com vossas histórias passadas. É interessante observar vossas associações e entendimentos sobre tudo que vivestes. Vossa mente está sempre procurando um lugar para descansar, e um desses lugares é o passado. Muitos vivem como se precisassem reproduzir e reviver suas experiências. Muitos gostariam de voltar e mudar tudo. Vossa relação com o passado é baseada em dois aspectos: saudade e remorso.

Saudade – É compreensível que queirais prolongar sentimentos e emoções vividas. No entanto, ao levardes vossa mente a reviver momentos passados saudosos, vós simplesmente deixais de viver tudo o que está acontecendo. Vossa vida é curta e tudo passa. Deixar a mente repousar no passado é jogar a vida fora, é perder energia, é um rasgo em vosso presente. Ressalto e peço vossa atenção ao hábito de permitirdes uma duração maior de tempo àquilo que já foi e não é mais, diferentemente de terdes lampejos do passado.

Remorso – É muito natural que cada um de vós desejásseis que certas coisas não tivessem ocorrido. Mas sabeis por que queríeis voltar e mudar tudo? Porque entendestes a lição e a mensagem. Ora, se não tivésseis feito o que fizestes, não teríeis aprendido o que deveríeis aprender. Sendo assim, o passado foi necessário, mesmo que ainda represente um remorso. E se assim o enxergais, como um caminho que precisava ser trilhado, e que hoje não o tomaríeis, vereis que valeu a pena. Quando tomais consciência de que toda a vida que tivestes era para ter sido assim mesmo, não encontrais razão para gastar energia com o remorso. Vós precisais vos perdoar e entender que não há nada de errado em errar ou cometer faltas. Vós deveis de alguma forma ter recebido do universo o contraponto por vossas ações. Essa é a lei do equilíbrio.

Tanto a saudade como o remorso criam o rastro do passado. Onde vós ides, deixais vossos lamentos, vossas histórias e, com eles, uma perda de energia.

Uma vez entendido e vivido o que é preciso, chega a hora de levar vossa mente para o presente, pois a cada instante vós estais construindo um novo passado. Uma boa forma de mudar o vosso passado é construindo um novo passado.

Encurtamento da experiência

Toda a vossa existência vem com um propósito básico de integrar as polaridades e fechar os estágios da evolução da matéria pelo espírito. Esse ciclo se dá por muitos milhares e até milhões de anos vossos, falando em termos de indivíduos ou de agrupamentos. Quanto mais absorveis e concluís as lições que vos dispusestes a aprender, mais avançais em encerrar a experiência tridimensional. Muitos de vós já estão cansados de toda esta existência, mas isso não significa que o cansaço sinalize o fim de vosso ciclo. Quando estiverdes no fim de vosso ciclo, estareis plenos, motivados e exultantes com vossa presença no planeta. O fim do ciclo não se dá pelo cansaço ou pelo desprezo à existência; ao contrário, dá-se pelo mais profundo amor a absolutamente tudo que existe. Seres que chegaram ao seu estágio final no planeta não têm mais vontade de ir embora, e é por isso que eles vão. Simplesmente não reverberam mais aqui, e passam a ressoar em novo nível vibracional. Os que ainda assim decidem ficar, seja vivendo a experiência ou sustentando-a, o fazem por puro amor pelo conjunto dos que estão na ronda espiral.

Ainda que alguns se descolem, é saudável informar que eles são parte de um todo coletivo que, em algum momento, fará parte do resgate coletivo. Sendo assim, compreendei que tudo e todos somos um em algum tempo ou local no espaço.

É natural que estejais pensando: Como podemos encurtar nossa experiência? Compreendo perfeitamente vossa vontade e digo que não há mal algum nela.

Quero ajudar a fazer dessa vontade o caminho mais apropriado para a plenitude de vossa existência.

Vossa vida é repleta de lições. Boa parte delas é tão difícil de ser assimilada que as repetis inúmeras vezes até aprenderdes o que têm que aprender.

Para isso quero vos dar a chave para encurtardes a vossa experiência e avançardes ao próximo estágio de vossa existência: aprendei as lições.

Pode parecer simples e ao mesmo tempo complexa a orientação "aprendei as lições", mas permiti-me mostrar-vos os fatores que precisam existir para que elas aconteçam.

Para que aprendais as lições, precisais adotar nove comportamentos. Nove é um número que fecha ciclos, e tudo o que precisais é fechar o ciclo daquele aprendizado ou lição para abrirdes um novo. Eis os comportamentos.

1. Aprendei a ver a vossa vida impessoalmente.
2. Treinai vossa mente para ver lições em tudo que está à vossa volta.
3. Aceitai que vossa realidade é projeção direta de todas as vossas escolhas.
4. Vede pessoas e coisas como extensões vossas.
5. Abandonai as desculpas e justificativas sobre qualquer coisa que vos incomode.
6. Entendei cada momento bom e ruim como um recado do universo.

7. Fazei a pergunta: Como isso me ajudou a ser uma pessoa melhor?
8. Tende gratidão por tudo que recebeis.
9. Fazei e assumi escolhas em um nível vibracional de paz e coragem.

Janelas de multirrealidade

Vós tendes algumas oportunidades extraordinárias mesmo dentro de uma *matrix* de experiências pré-programadas. Em vosso hábitat há janelas dimensionais muito sutis que podem mudar vosso humor, vossa percepção, vossa vibração, vossa realidade ou vossa vida. Podeis mudar tudo "dentro do vosso escopo", a qualquer instante, se acessardes a "janela de multirrealidade".

O que é uma janela de multirrealidade? É um campo vibratório que anda colado em vós e se manifesta por meio de alguma mudança que fazeis ou escolha distinta do fluxo natural. Essas janelas podem ser positivas ou não.

Janelas são universos pessoais paralelos. É como se a cada escolha que fizésseis existissem outras duas correndo paralelas à vossa vida.

É como se vossa vida tivesse mais duas vidas ocorrendo simultaneamente e pudésseis optar, em algum momento, por viverdes as coisas da "vida 2" e voltardes para a "vida 1", ou mesmo tomardes a "vida 3" e retornardes à principal.

Vou exemplificar para vos facilitar a compreensão.

Suponde que estejais em uma praia com vosso corpo levemente repousado nas areias, contemplando o mar. Há uma vontade de estar ali, apenas pairando o olhar sobre as águas. No entanto, ocorre em vosso universo paralelo outras duas possibilidades. Há uma janela que vos convida a vos levantardes e andardes pela praia, onde ireis ter outras sensações e encontrareis um velho conhecido que vos abrirá algumas oportunidades em vossa vida. Em outra janela há a possibilidade de vos refrescardes no mar, onde está previsto pisardes em uma pedra e terdes um pequeno corte no pé. Esse corte está em vossa linha de vida e ocorrerá de alguma forma, mais ou menos dolorosa.

Tal janela não se abre todo o tempo. Essa situação tem janelas que atuam coordenadamente em vossa existência.

Pode ser que, nesse caso, não façais nada e continueis contemplando o mar, mas existiam janelas no momento.

Assim ocorre com todos os seres humanos a cada instante. Raríssimas pessoas têm conhecimento dessas janelas que se abrem em casos específicos, que estão disponíveis a todos e mudam o transcurso de uma vida, mesmo que no interior da *matrix* de uma existência.

Por isso, entendei que vossa existência faz parte de um emaranhado aparentemente complexo, mas lotado de possibilidades. Essa é a beleza de vossa existência dentro de um campo de experiências. Quando decidistes viver essa *matrix* de vida, já sabíeis que há muitas possibilidades e tudo gira em torno de vós. Absolutamente tudo.

Como podeis vos desenvolver dentro dessa *matrix* agora, sabendo das janelas?

Eu vos mencionei que tudo gira em torno de vós e que tudo é vosso mundo. Bem, aí está um entendimento valioso para lidardes com isso. Assumi a responsabilidade por tudo. É simples, mas vós costumais agir como crianças, como bebês chorões que precisam de alguém para ser cuidados ou para culpar. Entendei que tudo é vosso e existe para vós. Assumindo decididamente isso, vós vos voltareis para as capacidades e poderes que vos vão sendo disponibilizados à medida que evoluís na percepção, no entendimento e na elevação vibratória.

Em um campo paralelo à Terra há espaços e lugares onde estão guardados atributos de cada um de vós. Como se fossem poderes especiais. Esses poderes foram guardados lá por vós mesmos antes de descerdes vibracionalmente. A lei reza que tais atributos, como prefiro chamá-los, são disponibilizados mediante padrão vibratório. Vós não acessareis atributos se não vos elevardes a um campo de frequência exato.

E como se dá essa elevação?

Aqui repousa um outro segredo. Vós precisais viver como se o mundo não fosse vosso e para vós! Sabemos que tudo existe para vós e responde ao vosso padrão vibratório, mas se começais a fazer o "vosso mundo" melhor para outros, levando em consideração o sentimento do outro, proporcionais gestos generosos, ajudais pessoas a se desenvolverem, elevais campos de energia das coisas e das pessoas, trazeis uma evolução saudável ao "vosso mundo"; vós passais a vos elevar e, com isso, vossas percepções também se elevam. Uma vez que vossas percepções se refinam, e se estiverdes antenados às janelas, podeis fazer inserções conscientes em campos de realidade paralela e dar novos rumos à vossa vida. De igual forma, podeis baixar para vosso campo vibratório os atributos que estavam guardados para vós. Entendei que são muitos atributos. Vós não os baixais de uma só vez. Cada atributo foi selecionado e desenvolvido por vós mesmos antes de descerdes, e vibram em padrões diferentes. Pode ser que em algum momento de vossa vida recebais um atributo, e que outro somente venha quando estiverdes em um outro nível de vibração. Assim funciona todo o sistema de assistência criado por vós para vós.

Vós viveis em um corte de consciência. Não podeis vos recordar exatamente de quem sois, de outras experiências e nem do que está desenhado para vós. Se isso fosse possível na atual realidade vibratória do mundo, muitos perderiam o sentido de viver e provocariam um retorno mais rápido à condição de energia primal. Por isso, quando baixais vossa vibração e programais uma existência, sendo ela longa ou curta na espécie humana, já sabeis que há uma lei que vos impede de ter memória de vossa jornada e até de quem é vossa qualidade energética.

Se analisardes com atenção e desapego, percebereis que a jornada nesta condição permite que vos eleveis para alcançar as percepções de janelas e o ganho dos atributos. É um merecimento. É uma generosidade para com a vossa existência. Não vejais como um prêmio, mas como o entendimento de uma lei cósmica que é regida pela ressonância. O que ressoa é acessado, experimentado e vivido.

A certeza interna

Para que possais vos conectar com a certeza interna, entendei um princípio básico: fé. Sem fé, nada funciona nessa seara. É com a fé que vós vos abris à conexão interior. A fé é uma intenção de entrega humilde ao destino. É vos colocardes à disposição com absoluta inteireza. Abandonardes-vos ao que é. Muitas pessoas têm dificuldade em ter fé simplesmente porque, no fundo, elas querem ter o controle. São pessoas de natureza controladora. Fé e controle não andam juntos, não se misturam.

Campos de atração

Vós sois atraídos por campos vibratórios na Terra. À medida que mudardes vossos padrões vibratórios, ou passareis a sintonizar com outro campo e precisareis vos mudar, ou passareis a influenciar a mudança do campo em que viveis.

Tudo em vossa existência é emprestado. Vosso corpo, o solo que pisais, o ar que respirais, o calor do Sol, as sombras, vossos bens e as pessoas, entre tudo mais que está materializado. O empréstimo é uma vontade maior de exprimir pelo coletivo a manifestação do incorpóreo. Vós fazeis parte de um coletivo que se autoexperimenta sucessivamente e em ciclos, de forma aparentemente individual, neste mundo. A autoexperiência é um campo de oportunidades e expressão. Vossa existência é uma expressão de sucessivas histórias. Vós vindes viver histórias que ficam registradas em um campo inteligente. Vossa autopermissão fortalece o sentido da existência neste nível vibratório. Vós já vindes com tudo mapeado. Vosso mapa é feito por uma inteligência interligada e coletiva. Vosso mapa contém todas as possibilidades e pontos decisórios nos quais reside um elemento de mutação e refinamento energético. Várias partes de vosso mapa são desenhadas em diversos movimentos combinados e interligados energeticamente. Vossa existência é uma combinação coletiva de experiências individualizadas. Tudo é uma autodoação. Vós doando todo o tempo, para vós mesmos, uma resposta vibratória da vossa frequência ressonante.

Tudo no mundo acontece por força do estágio vibratório do campo do planeta. Vosso planeta tem um nível vibratório que se relaciona com o campo de tudo aquilo que pode ser transmitido a cada pessoa ressonante.

O olho oculto

Vossos olhos vos guiam. Aqueles que não enxergam em vida, ou cuja visão lhes foi tirada, são guiados por outros olhos, muitas das vezes. Os olhos foram geneticamente criados para uma parte das raças se comportar tridimensionalmente neste plano. Eles têm grande utilidade pela estrutura que possuem, sendo de igual forma um grande elemento de ilusão.

Ao enxergarem os objetos e imagens de vosso plano, os olhos e a mente eliminaram tudo aquilo que não é objeto material. Assim passais a vos relacionar apenas com o que é visível.

Cabe a mim lembrar-vos de que vossa essência matricial energética possui um fator de extremo poder multidimensional. Vós possuís um sistema que, para facilitar, vou chamar de olho do espírito. É como um olho que tudo vê. Em vosso ser espiritual não precisais olhar para nada, pois vedes tudo. É um olho que capta todas as coisas simultaneamente. Como se fosse em vossa existência um sensor perfeito que traduz tudo em volta.

Essa é vossa condição de "realidade" no outro plano. Se decidirdes vos alinhar com o "vosso" olho que tudo vê, não há como deixardes de enxergar as coisas que não são visíveis. Com o perfeito alinhamento e sintonia com o "olho que tudo vê" ou "sensor", sabereis ler nas entrelinhas, descobrireis fatores externos nas relações, compreendereis muito mais profundamente sobre como vos posicionar e ajudar pessoas no mundo.

Acionar esse olho requer dois pontos de atenção:

1. Não o fazerdes por desejo de poder ou curiosidade infantil. Vossa disponibilidade deve ser de total desapego e reverência ao olho.
2. A intenção de serdes sábios e generosos. Serdes íntegros com o próximo a partir de vossa capacidade de ler e ver o invisível. Aprenderdes a ser discretos e não invasivos.

Tende tudo limpo

Convido-vos a praticar a autogenerosidade. Serdes generosos com vós mesmos é um atributo dos deuses. Se há algo a ser feito por vós, é trazerdes a energia da limpeza à vossa vida.
Há vários elementos de limpeza e vamos a alguns deles.

- Limpai vossa mente – sede generosos, afastai-vos de pensamentos que não vos trazem progresso e bem-estar. Limpar a mente é sair da prisão humana, da condição tridimensional e do vício social.
- Limpai vosso corpo – ter um corpo limpo é vos apropriardes de vossa existência. Não sujeis o corpo com alimentos que ele não quer. Aprendei a sentir vosso corpo. Aprendei a limpar o campo em volta de vosso corpo. Mais importante que tomardes um banho para vos limpar, é limpar o campo em volta do corpo. Se tendes o campo limpo, não importa se vosso corpo está sujo ou não, pois as doenças não vêm do corpo, mas do campo em volta dele.

Vou vos ensinar a como limpar o campo em volta do corpo. É bem simples, desde que façais rigorosamente o que vos apresento.
1. Parai tudo e trazei vossa presença para onde estais.

2. Parai os pensamentos. O campo responde se vós estais 100% para ele.
3. Visualizai uma esfera dourada e colocai-vos no centro dela.
4. Vede e senti a luz dourada. É uma luz de ouro líquido. Um dourado brilhante e espesso.
5. Convidai essa esfera a ir se comprimindo até se unir com vosso corpo.
6. Visualizai a esfera entrando em vosso corpo e se concentrando em vosso coração.
7. Percebei o pulsar do coração e visualizai a esfera se expandindo e levando com ela todas as impurezas de vosso corpo e do campo à vossa volta.
8. Vede que ela vos atravessa e vai para outro campo dimensional.
9. Sede grato e dedicai o dia à energia da luz dourada.

Dessa forma, seguindo esses passos, tendes plenas condições de limpar vosso campo. Deveis sentir o momento de fazer outra limpeza. Sabei que a energia da luz dourada está sempre disponível, para quantas vezes quiserdes. Isso é absoluta generosidade.

Vosso alimento

Boa parte de vós se alimenta de emoções. Tudo que fazeis gira em torno de comida. Vossa sociedade é viciada em comida. Vós criais regras para vos entupirdes de comida e vos habituardes a comer. Observai como tudo envolve alimentação. Vós convidais alguém à vossa casa e ofereceis comida; saís com alguém e ides comer; fazeis festa com comida. Tudo envolve comida. Outros reinos de vosso mundo não têm essa obsessão por comida. Os outros seres comem quando seu corpo pede, enquanto vós comeis quando vossa mente quer.

O condicionamento em relação à comida é uma das evidências de vossa completa desconexão com vosso corpo. Vosso corpo foi programado para se satisfazer com uma certa quantidade e com tipos específicos de alimentos, os quais podeis descobrir facilmente se parardes para dar ouvido ao que ele está vos dizendo.

Vosso corpo é vosso mapa. É uma dádiva da bondade divina terdes um corpo responsivo neste momento do mundo. (Decerto já existiram raças anteriores com corpos muito mais evoluídos.) Tudo o que precisais é observar como entra e como sai o alimento. A transmutação da comida é o parâmetro que determina se vosso corpo é saudável ou não. O que serve para um corpo não necessariamente convém a outro.

Por isso vos convido a lerdes vosso corpo e a vos alimentardes a partir dele. Comei o que o vosso corpo pedir e no tempo dele, mas vede se quem está com fome é vosso corpo ou vossa mente. Vossa mente é astuta e capaz de induzir a fome de forma bem real, por isso necessitareis de um estado de observação contínuo para discernirdes as vossas escolhas e vontades.

No momento em que aprenderdes a comer pelo corpo, descobrireis que o melhor alimento não vem das frutas, dos legumes, dos cereais ou mesmo da doação de outros seres vivos, mas da energia universal que alimenta a Terra. Vosso planeta é um ser vivo que abriga vários reinos e espécies. Do que ele se alimenta? Da energia do fluxo cósmico. Se a Terra, vosso planeta, se alimenta desse fluido, por que vós, habitantes dela, não podeis vos alimentar também?

Por isso vos convido a vos abrirdes ao fluxo de fluido cósmico que vem pelo ar, pela energia e pela abertura de vossa mente. Vós podeis querer ver a energia, mas pouquíssimos conseguem fazê-lo e, confesso, isso é desnecessário. O que importa é obterdes essa energia pura e nutrirdes com ela os vossos corpos. Esse é o alimento mais poderoso que podeis consumir.

Eis uma prática para trazerdes o fluxo de fluido cósmico para o vosso corpo.

1. Para que isso funcione, sentai-vos confortavelmente em um lugar onde ninguém vos atrapalhe, abri-vós ao fluxo cósmico – um corredor contínuo de energia que envolve tudo –, elevai vossa mente e pedi ajuda às forças sustentadoras do planeta.
2. Em vossa nuca há um ponto de abertura como se

fosse um véu. Quando sentirdes que estais vibrando em uma energia mais forte, levai um dos dedos bem devagar para trás de vossa cabeça e tocai suavemente a base do crânio. Suavidade é a chave para conseguirdes remover o véu com vossa mão.
3. Ao encostar bem de leve, senti o véu, uma camada energética muito fina. Percebei que ela se molda em vosso dedo, e devagar puxai o véu com o dedo.
4. Uma vez tirado o véu, vós acabastes de abrir conexão para o fluido.
5. Relaxai e, com a força da mente, com a palma de uma das mãos voltada para cima e encostando no topo da cabeça, intencione que esse fluxo venha para vós.
6. Ao receberdes o fluxo, entendei que ele preencherá apenas o que o vosso corpo/espírito precisa.

Após receberdes o fluxo, algumas reações podem vos ajudar a ter mais certeza de o terdes acessado:
- formigamento;
- sensação de leveza;
- sensação de tontura;
- esquecimento;
- sono;
- arrepios;
- calor;
- frio;
- energização.

Quando receberdes o fluxo, tereis obtido o mesmo alimento de vosso planeta, com absoluta generosidade. Esse alimento é contínuo, disponível a todo tempo e inesgotável.

Ao vos alimentardes do fluxo, não precisareis vos preocupar em parar de comer comidas. Podereis comer sem restrições, apenas começareis a ver que o corpo irá pedir alimentos mais específicos. Segui o corpo!

Alimentardes-vos do fluido cósmico é estardes em sintonia com a força de vosso universo.

Sobre vossos hábitos

Vossa espécie é alimentada por hábitos. Hábitos são costumes que fazem de vossa jornada algo cômodo e uma busca por um lugar. A vossa procura contínua é por um lugar. Um lugar para estardes em paz, um lugar para morardes, um lugar para aumentardes vossas percepções, um lugar no coração de alguém. Todo o tempo a vossa busca se remete a um lugar.

O que de fato ocorre com vossa mente maior, que está em uma condição fragmentária? Vós, inconscientemente, estais buscando voltar para a vossa condição original, que é o espírito ou campo de energia. No momento em que vos acoplais a um campo denso vibracional, que é o vosso plano, passais a ter uma jornada ininterrupta de vontades e desejos que não cessam facilmente. Esse desejo e essa busca contínua, no fundo, compõem vosso aspecto maior que ficou em um outro plano energético sustentador.

Quando voltais para a vossa condição espiritual, vós recobrais toda a matriz planejada e entendeis por que viestes. Como espíritos, sabeis que boa parte dos que aqui estão na Terra encontra-se presa a ela até que feche o ciclo de aprendizagem. O mesmo desejo que tendes de voltar à condição espiritual, como espírito e coletividade que sois, também tendes de migrar para outros planos. Sendo assim, e entendendo a vossa condição, tudo a que muitos de vós aspiram assim que retornam ao espírito e entendem a condição de evolução é voltar a encarnar no planeta a fim de limpar novas camadas e ascender a outros níveis de luz.

O que quero vos revelar, principalmente àqueles que se mostram cansados de estar aqui, é que boa parte dos seres humanos, quando volta e entende as circunstâncias e o lugar que ocupam nessa história toda, aspira a recomeçar uma nova jornada na Terra, seja se multiplicando, seja condensando uma nova experiência.

Por isso, entendei que tudo o que possuís é um amontoado muito bem estruturado de realidades que proporcionam múltiplas jornadas de diferentes formas.

Compreendei que tudo que está ocorrendo foi escrito. Nada é surpresa para o cosmo. Vós viveis em multirrealidades, onde a sobreposição determina a sequência do jogo. É como se estivésseis em uma caixa que está dentro de outra caixa que está dentro de outra caixa que está dentro de outra caixa ainda maior, e assim sucessivamente todo o entrelaçado.

Declaro-vos que o conjunto sucessivo de vossas experiências pode vos dar a liberdade, e tal afirmação em si já é um indício da generosidade do plano para convosco. No plano maior, que comanda todo este universo, é importante ressaltar que há leis que regem tudo de forma muito clara e harmônica. Não há como contestar determinadas condições, pois são estelares.

As leis maiores são como pilares autorregulamentados. Se me perguntardes quem estabeleceu isso, digo-vos que foi a existência. A existência é algo que não tem passado nem futuro. Raríssimos serão os seres que conseguirão compreender isso; no entanto, há uma força regular que atravessa este universo e o rege. Vós podeis chamá-la do que quiserdes, isso não importa, pois ela é o que ela é. Essa força é regulatória.

Ela simplesmente estabelece tudo em essência para que o cosmo se movimente. Este mundo físico que habitais provisoriamente é apenas um reflexo final do que essa força rege. A força atua basicamente na origem e na sustentação de tudo. Quereis um exemplo evidente? Vosso Sol, vossa fonte de energia. Ele é sustentado por leis dessa força e dá condição de vida ao vosso plano nesta dimensão também.

Sendo assim, voltemos aos hábitos. Quando compreendeis e vos conectais com essa força, ainda que pela simples crença de que existe uma força maior e poderosa, dando-lhe o nome que quiserdes, vós abris vosso campo de energia para vos conectardes com ela. Essa força é o que alimenta tudo que existe ao vosso redor. Se vós vos abris e vos conectardes, ela responde maravilhosamente bem. A força que rege este universo é onipresente e estabeleceu regras muito claras. Nessas regras, quase tudo é possível em vosso plano. Vós ainda não entendestes que, mesmo estando presos em um campo – vós viveis em uma prisão; ainda não vos destes conta disso? –, podeis fazer o que quiserdes, mas lembrai-vos de que existem leis, e uma delas é a lei da harmonia. Tudo ao final deve ser harmonizado ou balanceado. Em suma, em qualquer coisa que venhais a fazer, deverão haver compensações que serão estabelecidas por vós mesmos em cada jornada de acoplamento corporal.

Entendei que essa é a regra e que, no campo espiritual, vós a compreendeis perfeitamente.

Por que vos digo isso? Porque neste momento exato entrareis em uma ronda de aceleração muito grande, quando passareis a vibrar em outra frequência. Isso ocorrerá muito naturalmente, sem que percebais, embora transições nem sempre sejam fáceis, apesar de inevitáveis, necessárias e previsíveis.

O que os hábitos têm a ver com isso tudo? Tomai consciência de vossos hábitos. Saí definitivamente do modo repetitivo. É hora de deixardes de ser robôs à mercê do jogo superior. É hora de trazerdes vossa consciência para esta vibração e integrá-la à vossa jornada.

Integrar vosso espírito maior em vossa jornada não significa abandonar tudo nem que a vida deixa de ter significado. Se o fizerdes, provavelmente voltareis para dar sequência ao que deve ser experimentado. Oriento-vos a vos colocardes a serviço do cosmo, a vos sentirdes um braço do universo consciente, para assim poderdes ter uma vida inteira de colaboração com o fluxo universal.

Quando falo dessa colaboração, muitos tendem a associá-la à necessidade de se dedicar a um trabalho espiritual ou grandioso. Entendei bem o que vos digo: estais aqui a serviço! Para servirdes a vós mesmos e a toda a coletividade. Para isso, podeis ser garis, bombeiros, empresários, jornalistas, escritores, atendentes, faxineiros, porteiros, políticos, o que quiserdes ser. Mas lembrai-vos de que, no fundo, estais todos nesta experiência a serviço da força maior que rege o vosso universo.

Vós existis ao longo de muitas jornadas, vivereis muitos papéis para que possais vos autoexperimentar de forma completa, por isso não julgueis uma alma apenas pelo que ela é ou faz, pois vós já fizestes ou ireis fazer o mesmo para terdes a mesma experiência. Tudo é todos.

Quero vos presentear com um hábito muito saudável para a vossa espécie, no que diz respeito ao desenvolvimento de raça.

Toda vez que olhardes para outro ser humano, enxergai-o como se fosse vosso filho. Alguém que foi inteiramente projetado para viver aquela experiência e que é uma extensão vossa.

Se conseguirdes enxergar cada pessoa como uma extensão vossa, simplesmente vereis todos à vossa volta com olhos de amor, e não de julgamento.

Por que ver as pessoas como filhos? Porque isso abre um canal sensorial expandido. A extensão das relações humanas é a mais poderosa forma de se superar desavenças e conflitos.

O que ocorreria se vós vos vísseis a todos como filhos? Vós não mataríeis, não roubaríeis, não brigaríeis tanto quanto o fazem hoje.

Se um ser humano olha para outro como se este fosse seu filho, faz um gesto muito mais poderoso do que se o visse como irmão, pois irmãos já são em campo energético, mas o sentimento de filho traz uma realidade afetiva mais poderosa porque vem de dentro. Traduz a sensação de que o outro é uma parte sua manifesta no planeta.

Por isso vos recomendo a começardes a ver o outro não como vosso irmão, mas como "filho", e vereis como tudo muda em termos de relacionamento.

De igual forma, se todos à vossa volta começarem a vos ver como filho, vós também sentireis um amor e uma relação diferente vindos das pessoas.

Deixo-vos então um hábito transformador das relações humanas:

Vede cada pessoa como um filho.

O conhecimento disponível

Todo conhecimento está disponível para vós e para todos que fazem parte do "vosso mundo". Mesmo as grandes descobertas, na verdade, não são descobertas como vós entendeis. Não existe nenhuma descoberta do ponto de vista cósmico. O que existe é "descobrir", tirar o véu de algo que estava guardado em algum campo de energia.

Como ocorrem as descobertas de vossos cientistas? Existem muitas soluções que eles encontram para o mundo mediante o estudo. O estudo, de certa forma, em vosso caso, é muito importante para que possais vos elevar. Utilizar as conclusões daqueles que buscaram algum entendimento sobre as coisas tem seu valor, mas não há nenhum conhecimento que seja pronto e definitivo, até então. Na condição tridimensional em que vós vos encontrais tudo é acumulado. A acumulação de entendimento em uma matéria precisa ser compreendida para receber ajustes e até ser transformada. Muitos insistem em usar a intuição para se elevar e obter conhecimentos guardados nos campos. Em alguns casos isso é possível, mas na maioria das vezes, não. Para que um cientista possa capturar *insights* e resolver uma fórmula, ele precisa estudar e dominar tudo que já foi feito por seus antecessores.

É necessário honrar o passado para se elevar no presente e com isso abrir acesso ao futuro. Cientistas acessam o futuro quando dominam todas as teses passadas. Uma vez que isso ocorre, eles passam a vibrar em condição de receberem conhecimentos "inéditos" no planeta. Esses conhecimentos já estavam disponíveis, apenas foi preciso que alguém os pudesse baixar por ressonância de frequência. Assim funciona com tudo. Muitos outros cientistas adquirem todo o conhecimento do passado e não se abrem ao futuro, e com isso não conseguem resolver suas questões; embolam-se com teses confusas e não chegam a lugar algum.

Assim como ocorre com os cientistas, para quem nada vem ao acaso e tudo é acessado por padrão vibracional, o mesmo se dá com cada pessoa em sua proposta de vida.

Em qualquer coisa que decidais fazer, o fato de vos elevardes na função traz o primor vibracional e, com ele, as chaves para construirdes novas realidades úteis e promissoras em vossa vida. Por isso, é crítico que deixeis de lado o pensamento pequeno e avassalador da preguiça e do conforto. Muitos de vós estais sofrendo simplesmente porque não quereis pensar, não quereis vos autocriticar, não quereis trabalhar, não quereis empreender esforço para vos elevar. Mais fácil é reclamar e buscar um culpado. Por isso, é hora de deixardes de ser infantis na condição de humanos e proporcionardes à espécie algo mais elevado e construtivo.

Sede puros em vossa intenção

Vossa realidade existe a partir de vós. Vosso maior desafio é entender que nada existe se não existirdes. Não existe o outro se houver o olho que vê o outro. A existência da coletividade é a miragem do vosso eu.

Vossa existência é como um testemunho de tudo o que está inserido em vosso mundo. Inconscientemente, há uma tendência natural de, ao verdes o mundo, entenderdes que tudo é uma projeção vossa. Se o externo existe porque eu o vejo, então tudo está ao meu redor (pensa a mente). Ao constatar que tudo está ao meu redor, eu sou o centro de tudo. No íntimo de muitos seres humanos, o egoísmo surge como elemento natural da constatação de que as coisas giram ao seu redor.

Ter uma vida autocentrada e voltada para dentro tira a capacidade de exercitar a bondade em sua plenitude. Ser bom é ter uma intenção pura. O que é a pureza? É estar a serviço, sem medo. É uma disponibilidade desinteressada. O dilema humano é se colocar puro e ser traído ou prejudicado.

O sistema que criastes traz as condições necessárias para que vos frustreis com outros humanos. Mas vossa transcendência se dá exatamente em conseguirdes, com a maturidade do viver, recuperar a pureza das intenções. Em serdes capazes ainda de ver o belo, o bom, o justo e a fantasia do mundo.

Trazer pureza nas intenções vos coloca mais leves e mais soltos para os movimentos da vida. Ser puro é saber estar disponível e sem interesses.

LIVROS CANALIZADOS POR L.B. MELLO NETO

CÍRCULO SAGRADO DE LUZ

É uma compilação de canalizações realizadas presencialmente a partir de seres de diversas dimensões. As mensagens, em forma de perguntas e respostas, são reveladoras e disruptivas quanto ao entendimento do mundo espiritual e da realidade humana.

ORAÇÕES DO SOL

Uma pérola poética e transformadora. O livro contém quarenta orações inspiradoras que impactam a estrutura mental, emocional e espiritual das pessoas. Há diversos relatos sobre como o livro propiciou ativações de cura.

QUEM É VOCÊ

Cada pessoa está muito além do que imagina ser. É hora de abrir o coração para a mais profunda ligação espiritual da existência. Esse livro é um portal de informações pleiadiano que ativará conhecimentos antigos e lhe dará condição de estabelecer uma conexão mais estreita com todo o universo.

TODA DOENÇA É UMA CURA

Texto revelador que aborda temas sensíveis ligados à existência como um todo, explica as causas e os movimentos cósmicos que afetam as estruturas físicas, mentais e emocionais que nos cercam, além de reconectar o leitor com conhecimentos antigos que regem toda a história da humanidade.

O JOGO DO MUNDO

Eahhh transmite um conhecimento vindo de várias fontes espirituais sobre a evolução humana: nós vivemos um grande jogo criado por inteligências superiores que alimentam esse processo. O que ocorre em uma dimensão é reproduzido em outra, a fim de se fecharem ciclos de compensação energética vibracional.

MEDITAÇÕES CÓSMICAS

Yahnon nos transmite dez meditações guiadas que ativam conexões profundas entre os seres da Terra. Amorosamente ensinadas neste livro, essas práticas conduzem a um portal que, uma vez aberto, remove os véus ilusórios que cobrem mundos que jamais estiveram separados.

TIPOLOGIA: Chaparral [texto]
Quicksand [entretitulos]
PAPEL: Off-white 80g/m² [miolo]
Cartão 250 g/m² [capa]
IMPRESSÃO: Formato Artes Gráficas
1ª EDIÇÃO: março de 2019
1ª REIMPRESSÃO: abril de 2024